求仁之路

邱榕基与现代君子培育

邱榕基　著

图书在版编目（CIP）数据

求仁之路：邱榕基与现代君子培育/邱榕基著.
—南京：江苏凤凰教育出版社，2018.9（2023.11重印）

ISBN 978-7-5499-7607-2

Ⅰ.①求… Ⅱ.①邱… Ⅲ.①中学教育—教育研究
Ⅳ.①G632.0

中国版本图书馆CIP数据核字(2018)第222542号

书　　名 求仁之路——邱榕基与现代君子培育
作　　者 邱榕基
责任编辑 雷利军　张晓兰
出版发行 江苏凤凰教育出版社（南京市湖南路1号A楼　邮编210009）
苏教网址 http://www.1088.com.cn
照　　排 北京智成同心图文设计有限公司
印　　刷 唐山富达印务有限公司
厂　　址 唐山市芦台经济开发区农业总公司三社区
开　　本 787毫米×1092毫米　1/16
印　　张 11.5
字　　数 165千字
版　　次 2019年6月第1版　2023年11月第2次印刷
书　　号 ISBN 978-7-5499-7607-2
定　　价 58.00元
网店地址 http://jsfhjycbs.tmall.com
邮购电话 025-85406265,85400774　短信　02585420909
E - mail jsep@vip.163.com
盗版举报 025-83658579

序言

“我欲仁，斯仁至矣”

人与人之间的缘分很奇妙，有的人日日与你相见，不一定成为朋友；有的人见面不多，但一见如故。2016 年 1 月 20 日，我与邱榕基校长济南一见，终成文友。迄今回想起来，依然感到妙不可言。

此前怎么也没有想到，在遥远的南方的他与我一样对儒家文化情有独钟。见面交谈不久，我们就有一种相见恨晚的感觉。当时就想，他应当出一本与传承、弘扬中国传统文化相关的书。《求仁之路——邱榕基与现代君子培育》的即将出版，让我的这种期待变成了现实。

对于孔子的教育思想，尤其是君子人格养成方面，邱榕基不但研究了，而且研究得很深。更重要的是，他并未只停留在文本层面的研究上，而是在教育教学中进行了卓有成效的实践。

王阳明说：“知者行之始，行者知之成。”我想，邱榕基便是一位知行合一者。

2008 年，他在广东从化中学担任校长时，提出了“传承孔子文化，培育现代君子”的办学理念，难能可贵的是，他还将其升华为一种学校文化。

文化，在某些方面是需要物质来承载的，于是，就有了物质文化建设。十几年来，在邱榕基校长的带领下，从化中学修缮了明伦堂、先师殿、学宫广场、棂星门等，修建了从化中学博物馆，建造了东西方文化走廊、翠廊、君子亭、观川亭、校友亭等。漫步校园，恍若步入了具有两千多年历史的中华优秀传统文化的长廊里，驻足孔子像前，孔子之言犹在耳畔回响；行走在学宫广场，当年诸子百家争鸣的景象宛若眼前。这种穿越时空与大师会面的感觉，唤醒的不只是师生对至圣先贤的缅怀，还有蓬勃于内心的生命动力，以及如何成为现代君子的自省与自觉。

邱榕基校长带领他的教师团队，构建了具有从化中学特质的“仁爱”礼仪制度文化。比如，中学生日常行为规范建设、课堂文化建设、寝室文化建设、升旗仪式文化建设、体育休闲文化建设和家校联动教育制度建设等，都具有了以文“化”人的意义。有制度未必就能形成制度文化，只有制度内化于师生心里，并形成师生的一种自觉行为，才能形成制度文化。况且，这种文化不但烙印了孔子“仁者爱人”与“修己以安人”等思想，而且与当下学生教育的实际相结合，从而让“传承孔子文化，培育现代君子”有了制度的保障。这种制度文化的形成，在师生那里生成了一道内外兼容的文化风景，于是，制度不再是一种约束；在敬畏制度的时候，人们反而感受到了制度文化的美好。

构建独具特色的课程，并将其升华成课程文化，是“培育现代君子”必行之事。不过，这需要功夫，也需要品质。仅古今连接与如何在教育实践中更为有效地培育君子人格，就是一个不小的挑战。它既需要教师对这些问题进行深入的研究，也需要在课程如何“化”人上下功夫。比如，课程文本构建与当下实践如何有效结合等问题，一方面，既需要教师研究孔子的教育思想，另一方面，还要研究如何让学生在学习这些课程的时候乐学、善学。这样，教师就不只是课程的实施者，也是构建者，甚至还是策划者，以及教育实践中的修订者。这种过程实际上也是“化”教师的过程。只有这样，学校才能形成具有文化形态的课程，才能产生更大的意义与价值。从这个意义上说，学校围绕《论语》及学宫文化这一中心所编写的 11 本校本教材，就具有了走进学生生命实践的功能，成为滋养学生心灵的沃土。

从化中学的精神文化，更加具有生命的张力。有时候，它未必以显性的形态呈现出来，可是，它却无时不彰显出一种力量。不管是见到邱榕基校长，还是洪世昌老师等，都会让你情不自禁地想起孔子之言：“文质彬彬，然后君子。”

这种精神文化是师生长期累积沉淀的一种习惯和信念，它已渗透在学校生活的方方面面。所以，它会外显在师生的面容上、言行中，同时，更会内化在其心里。他们已经把“培育现代君子”作为一种使命，让他们的学生不只在学校里，在家庭与社会中，也呈现出现代君子之风。舍我其谁的担当意识、仁者爱人的精神，因已经蕴藉在心，外化出来都会是一种风景。孔子说：“为仁由己，而由人乎哉？”在从化中学，践行“现代君子”培育，已不是外在的强求，而变成了师生内在的自觉自愿的行为。这种精神文化成为从化中学发展的重要动力，不但有力推动着学校更好地发展，还为其未来的发展注入了巨大的能量。

这本书不只是邱榕基校长与从化中学探索“求仁之路”的丰硕成果，还有很大的推广价值。希望其他校长与教师在阅读本书的时候，也能体悟到“我欲仁，斯仁至矣”的深厚意蕴，从而走向“求仁而得仁”之路。

陶继新

目
录

做温润如玉的人

（引言）

古话说："玉不琢，不成器。"

中国人钟情于玉，心仪于君子，两者之间有什么关联呢？对我们今天的学校教育有什么启示呢？

通过"藏礼于玉"，就知道两者之间的关联了。被制成礼器的玉，既承接于礼，也落实为器。先民赋予一些代表性器物以特定的性质，如神圣性，器物也由此获得了自身的意义，并仿佛是其内在属性一般，反过来又支配着人们对待器物的态度——尽管这种属性是人赋予器物，再经过圣人制定繁杂的礼制之后，又被器物所吸纳的。由此，从个人修为到"治国平天下"，以及仁义道德等伦理规范，都可以依附于具体的器物而存在。我们的先人"藏礼于玉"就此成为可能。

礼的发展，让玉和类玉的石头得到了中国人特别的青睐。《管子》《荀子》《礼记》《说文解字》等，都提到玉有各种美好的德行。除了讲到玉的一些自然属性外，这些文字实际是在强调，一个高尚的人与玉之间拥有共同的文化内涵。在孔子"君子比德于玉"思想的感召下，这些被祖先喜爱的石头不仅被赋予神秘色彩，也在历史的不断演进中生成丰厚的审美属性。

中国人往往喜欢像玉一样的人。我们很容易找到一些以玉来比喻或形容人的词，如"玉树临风""亭亭玉立""宁为玉碎，不为瓦全"等，它们都在深层次上证明了玉石之美与中国人的紧密联系。然后，中国人从喜欢玉，到喜欢像玉一样的人，再到喜欢象征着那些最高尚的人的品格的石头，这三个递进关系，仿佛在昭示中国石文化的历史真相——在保留石头那些优秀的自然属性的前提下，中国人喜欢象征着最高尚的人的品格的石头。

那些像玉一样的人，必定被礼所包裹。中庸、温良、内敛是玉的气质，也被后来推崇玉的儒家所看重。由像玉一样的人组成的社会，坚守着那些可以刻在石头上，也默默地刻在人们大脑中的“金科玉律”，如玉一般，超常稳定、坚固与平和。

由此，中国的玉文化与君子人格最终确立了中华民族自己独特的文化属性。

由玉文化想到培育怎样的校园文化，培养怎样的人，是广州市从化中学在新时期应该回答的首要问题。

一、琢玉先识器——善恶辨识，知行合一

2008 年，从化中学提出“传承孔子文化，培育现代君子”的办学目标，思考着学校应该培养怎样的人。这个问题涉及两个方面：第一，培养的人首先是具有中华文化特质的人；第二，要培养具有与时俱进思想和国际视野的中国人。也就是说，我们建设的是传承中国孔子文化的校园文化，这是育人的文化土壤；追求的是培养温润如玉的现代君子这一育人终极目标。

2012 年，从化中学被评为从化市“培育现代君子”特色学校。2014 年，“仁文化与中学生现代君子人格培育研究”立项，也由此成立了广州市创新学术团队。我们一路走来，一直思考着什么是君子人格，什么是现代君子人格，这是两个核心问题。

什么是君子人格？从《论语》中我们可以厘清这个概念。君子是知善恶之人，是求仁路上不断修炼自己的人。而现代君子这个概念，既继承了君子人格的内在精髓，又要融合时代精神——社会主义核心价值观。我们可以在理论层面上将这个概念阐述清楚，但在实践层面上操作起来很难把握。

君子究竟应该拥有一种怎样的人格？我们详细了解了民国第一君子——胡适的事迹。读了拾遗的《世间如果有君子，名字一定叫胡适》一文，

我们对君子人格的理解似乎清晰、具体起来。

中国文化中最深入人心的人格，便是君子。何为君子？君子的标准是什么？我们该怎样做君子？若求答案，毫无疑问，胡适是一个标杆。陈丹青说胡适："完全是学者相，完全是君子相。"唐德刚说胡适："谦谦君子，温润如玉。"罗尔纲说胡适："我还不曾见过如此一个厚德君子之风。"

君子言而有信，行而有义

1912年正月，郭沫若屏住呼吸揭开盖头，发现新娘竟长着"一对露天的猩猩鼻孔"，他立马奋身奔出洞房，五天后离家出走。郭沫若说："隔着口袋买猫，交定要白猫，打开口袋却是黑猫。"张琼华独守空房68年，一生无子女。1906年，鲁迅被母亲骗回老家完婚。新婚晚上，他独自睡进了书房。第三天，他从家中出走，去了日本。鲁迅说："她不是我的太太，只是母亲送我的一件礼物。"1926年，鲁迅赴上海与许广平同居。朱安独守空房41年，一生无子女。清末民初，喝过洋墨水或富贵显达者，纷纷追求"没有爱情的婚姻是不道德的"之新观念，抛弃包办婚姻与糟糠之妻遂成新潮流。但新文化运动的旗手胡适却是一个例外。

胡适13岁时，母亲便做主给他定了婚。订婚后15年，胡适与江冬秀从未谋面。胡适内心也曾抗拒过、疑虑过、矛盾过，但终因"不忍伤几个人的心"而没有推翻婚事。"我深深懂得旧式婚姻中女性的地位。"1917年，留美归来的北京大学教授胡适迎娶了江冬秀。史学家唐德刚说："这位小脚、眼有翳、爱打麻将的女人，成了传统中国社会最后一位福人。"婚后，胡适写了一首诗自我宽解："岂不爱自由？此意无人晓。情愿不自由，也是自由了。"这便是胡适——言而有信，行而有义。

君子周急不济富

1919年，林语堂到美国哈佛大学留学。没想到留学期间，经费用尽，生活断炊。走投无路的他，只好求助于北京大学胡适。"能否由尊兄作保他人借贷1000美元，待我学成归国偿还。"不久，林语堂就收到了胡适的汇款。胡适说："这是工资预支款，君归国后，一定要回北京大学工作。"哈佛毕业后，林语堂又赴莱比锡大学读博。他电报胡适："再向学校预支1000美元。"后学成回国，林语堂如约到北京大学任教。他找到校长蒋梦麟，万分感谢。蒋校长感到意外："哪两千块钱？"林语堂这才知道："学校根本没出过这笔资助——那都是胡适个人的钱。"而且这件事，胡适从没有向外人说过。

胡适资助的不仅有林语堂，还有吴晗、罗尔纲、周汝昌、李敖、沈从文、季羡林、千家驹等一众才子。他不仅仅资助才子，也资助贩夫走卒。因为胡适交友从不论贫富贵贱。一次，卖烧饼的袁瓞来胡适家闲聊。胡适说："我喜欢游泳，可鼻孔长了小瘤，呼吸不便。"袁瓞说："好巧，我鼻孔也长了一瘤，恐是鼻癌。"胡适立即提笔写了封信，让袁瓞交给台大医院院长。信中说："这是我的朋友袁瓞，一切费用由我负担。"当年之民国，很流行一句话——"我的朋友胡适之。"胡适之仗义疏财，由此可见一斑。

有一年，大学者陈之藩寄支票感谢胡适：他留学美国时受过胡适400美元的资助。胡适回信说："你不应该这样急于还此400元。我借出的钱，从来不盼望收回，因为我知道我借出的钱总是一本万利，永远有利息在人间。"陈之藩后来说："我每读这封信时，并不落泪，而是自己想洗个澡。我感觉自己污浊，因为我从来没有过这样澄明的见解与这样广阔的心胸。"

君子和而不同、周而不比

胡适是倡导白话文的旗手，而黄侃是反对白话文的先锋。一次，黄侃在讲课中举例说，如果胡适的太太死了，其家人电报必云：你的太太死了！赶快回来啊！长达11字。而文言仅需四字——妻丧速归。胡适的回击也令人叫绝。课堂上，胡适对学生们说：前几天，行政院有位朋友给我发信，邀我去做行政院秘书，我拒绝了。同学们如有兴趣，可用文言代我拟一则电文。学生写完后，胡适选了一则字数最少的——"才学疏浅，恐难胜任，恕不从命"。仅12个字，也算言简意赅。但胡适说："我的白话文电文就5个字：干不了，谢谢。"学生们纷纷叹服。

胡适倡导白话文，遭遇无数讥讽和谩骂，但胡适回击总是温文尔雅，从不进行人身攻击。羽戈说："你看他，哪怕与政敌论战，都是和风细雨，平心静气，连一句刻薄话都罕见，更不必说粗口了。”1948年，胡适被迫离开北京时，留在寓所的物品中有500多封信件。往来的对象，几乎涵盖了国共两党主要领袖、军政要人以及社会名流。胡适虽然朋友遍天下，但从来不曾丧失立场——既不加入国民党，也不加入共产党。无论是对待持不同学术态度的“异己”，还是对待持不同政治态度的“友朋”，他始终保持着一种“和而不同”的君子之风——不站队、不妄议、不迎合、不谩骂。这一点，民国能做到者，几人哉？

君子交绝，不出恶声

新文化运动后，因政见不同，鲁迅与胡适交恶。此后，鲁迅在报刊上多次挖苦、讽刺胡适。面对鲁迅痛骂，胡适从不应战。而对于鲁迅的文章，只要认为是好的，胡适就会大力推荐，比如鲁迅的《随感录》。胡适便在演讲中多次提到：“一夜不能好好地睡，时时想到这段文章。”

1936年，鲁迅去世后，作家苏雪林给胡适写了一封长信，称鲁迅是“刻毒残酷的刀笔吏，阴险无比”。胡适回信说：“凡论一人，总须持平。爱而知其恶，恶而知其美，方是持平。鲁迅自有他的长处。如他早年的文学作品，如他的小说史研究，皆是上等工作。”鲁迅死后，胡适从没发过一句恶声。当许广平就《鲁迅全集》出版事宜给胡适写信，请他“鼎力设法”介绍商务印书馆时，胡适“慨予俯允”，立马出面推荐，并担任了鲁迅纪念委员会委员，为《鲁迅全集》的出版奔波效力。诛心是人类的通病，祸延千年，勿论中西。能做到胡适般“恶而知其美”者，有几人哉？

君子立论，宜存心宽厚

一天早上，胡适喉部有点发炎，胡颂平说：“肯定是昨晚喝的酒不太好。”胡适说：“不要怪人！连医生也不敢随便说的话，怎么好怪人家的酒不好。”这就是胡适一直倡导的：君子立论，宜存心忠厚。

何谓存心忠厚？就是“做学问要在不疑处有疑，待人要在有疑处不疑”。

1936年，丁文江因煤气中毒去世，胡适撰文纪念他时说了一件事：丁文江打牌，把输赢看得太重，当他手握好牌，手心便会出汗，因此常被胡适等朋友取笑。罗文干说丁文江:“看钱太重,有寒伧气。”但胡适则反思——“及今思之，在君自从留学回来，担负一个大家庭的求学经费，有时候每年担负到三千元之多，超过他的收入的一半。他从无怨言，也从不欠债；宁可抛弃他的学术生活去替人办煤矿，他不肯用一个不正当的钱。这正是他严格的科学化的生活规律不可及之处。我们嘲笑他，其实是我们穷书生而有阔少爷的脾气。”

这就是存心忠厚、有疑处不疑的胡适。

君子之德，莫美于恕

“宽容比自由更重要。”这是胡适流传甚广的一句名言。宽容之于胡适，已深入他骨髓。作为新文化运动和“自由主义”之旗手，胡适誉满天下，也谤满天下。面对别人的咒骂，胡适并不生气。有一次，他在给杨杏佛的信中说:“我受了十余年的骂，从来不怨恨骂我的人，有时他们骂得不中肯，我反替他们着急。有时他们骂得太过火了，反损骂者自己的人格，我更替他们不安。如果骂我而使骂者有益，便是我间接于他有恩了，我自然很情愿挨骂。如果有人说，吃胡适一块肉可以延寿一年半年，我也一定情愿自己割下来送给他，并且祝福他。”

此前，胡适与鲁迅兄弟谈《西游记》时，说第八十一难应该这样改最合佛教精神:“唐僧取了经回到通天河边，梦见黄风大王等妖魔向他索命。唐僧醒来，叫三个徒弟驾云把经卷送回大唐。自己念动真言，把想吃唐僧肉的冤魂都召请来。他自己动手，把身上的肉割下来布施给他们吃。一切冤魂吃了唐僧的肉,都得超生极乐世界,唐僧的肉布施完了,他也成了正果。”放眼20世纪，能说这番话者，唯胡适一人。耿云志说:“中国最不缺的是极端的力量，最缺的是胡适这种温和而坚定，自由而悲悯的力量。”

君子不受虚荣、不祈妄福

1929年，胡适从北京到上海的旅途中，意外碰见了老朋友瑞典探险家斯文·赫定。赫定是瑞典国家学会十八名会员之一。赫定说:“我想提名你做诺贝尔文学奖的候选人。”胡适果断而婉转地拒绝了。胡适在日记中写道:

“我可没有那厚脸皮。我是不配称文学家的。”后来,李敖写了《播种者胡适》一文，充分肯定胡适对国家、民族的贡献。胡适读罢此文后，给李敖写了一封信:“说我在纽约‘以望七之年，亲自买菜做饭煮茶蛋吃’，其实我不会‘买菜做饭’。”“说我‘退回政府送的6万美金宣传费’，其实政府从来没有送我6万美金的事。”“说‘他怀念周作人，不止一次到监狱看他’，我曾帮过他小忙，但不曾到监狱去看过他。”

信中指出的错误，全是给胡适贴金的。倘若胡适好虚名，完全可以缄口笑纳。但他却毫不含糊，对多处贴金拒不接受。胡适难道不好名吗？他给别人写的信都要誊抄一份留下来，其日记也明显可以看出是为了日后发表，显然，胡适非常之“好名”。但他之“好名”，有两点非常值得如今熙熙于名者学习：一是“君子好名，取之有道”“不接受来历不明、言过其实的虚名”；二是“成名后，就不要辜负这个名声”“对名誉始终保持着一种警惕和反省”。这就是胡适——不受虚荣、不祈妄福。

君子不随众、不盲从

1937年，罗尔纲赶时髦，出版了《太平天国史纲》一书。《书人杂志》将其选入“中国最新十部佳著”。胡适读后，当面批评罗尔纲:“做书不可学时髦。”“你写这部书，专表扬太平天国，而太平天国之乱，让中国几十年不曾恢复元气，你却只字未提，这样盲从做史是不对的。”正因胡适的耳提面命，罗尔纲后终成著名历史学家。胡适学术上的伟大，不在于他的著作，而在于他的治学之方法——“大胆地假设，小心地求证”。

“读古人的书，一方面要知道古人聪明到怎样，一方面也要知道古人傻到怎样。”“世间有一种最流行的迷信，叫作‘服从多数的迷信’。人都以为多数人的公论总是不错的。”所以胡适觉得应该“大胆地假设”，不大胆地假设、怀疑，就不会有进步和创新。但大胆假设、怀疑之后，应该“小心地求证”，“有几分证据说几分话，有七分证据不说八分话”。“没有证据，只可悬而不断；证据不够，只可假设，不可武断；必须等到证实之后，方才奉为定论。”胡适学术上的伟大之处，正在于此。史学家顾颉刚说:“我的研究古史的方法,直接得之于胡先生,而间接得之于辩证法。”这种治学方法,也被胡适运用于做人做事中。所以他从来不站队、不妄议、不盲从,不把别人的耳朵当耳朵,不把别人的眼睛当眼睛,不把别人的脑力当脑力。

君子不降志、不辱身

1952 年,胡适应邀到台湾讲学,他当面对蒋介石说:“台湾今日实无言论自由。第一无人敢批评彭孟缉。第二无一语批评蒋经国。第三无一语批评‘蒋总统’。所谓无言论自由是‘尽在不言中’也。”当时的台湾,连钱穆都没胆这么说。1954 年,台湾召开“国民大会”,商议改选“总统”“副总统”,蒋介石假意推荐胡适做总统候选人。胡适拒不接受:“我有心脏病,连保险公司都不愿保我的寿险,怎能挑起总统这副担子?”有人问:“如果你真被提名甚至当选时怎么办?”胡适答:“如果有人提名,我一定否认;如果当选,我宣布无效。我是个自由主义者,我当然有不当总统的自由。”

1958 年,蒋介石邀请胡适就任“中央研究院”院长。就职典礼上,蒋介石提出明确要求:“应担负起复兴民族文化之艰巨任务”,要配合当局“早日完成反共抗俄使命”。蒋介石讲完后,胡适站起来,一开口就说:“总统,你错了。”然后逐条驳斥蒋介石,说学术与政治无关。蒋介石怫然变色,气得全身发抖。蒋介石原来是去“致训”的,结果成了“聆训”。蒋介石在当天日记中愤慨记录:“今天实为我平生所遭遇的第二次最大的横逆之来。”这就是“不受左右”的胡适。“不降志,不辱身,不追赶时髦,也不回避危险。”学者王元化说:“我这辈子,最欣赏胡适这句话。”

君子之本,知行合一

1962 年 2 月 24 日,一场庆祝酒会上。胡适发表即席演讲,不料讲到一半,突然心脏病猝发,倒地而亡。整个天下,哭声一片。梁实秋说:“但恨不见替人。”

但蒋介石心里的石头终于放下了,他在日记中写道:“胡适之死在革命事业与民族复兴的建国思想言,乃除了障碍也。”当年,胡适在赠言北京大学哲学系毕业生文章里,曾引用禅宗的一位高僧所言:“达摩东来,只要寻一个不受人惑的人。我这里千言万语，也只是要教人一个不受人惑的方法。”之所以说胡适是君子的榜样，正因为他一生都在坚持——知行合一。既告诉别人怎么做，又做给别人看！

李敖说：“40年来，能够一以贯之地相信他所相信的，宣传他所相信的，而且在40年间，没有迷茫，没有‘最后见解’的人，除了胡适之外，简直找不到第二个。”

不由又想起了胡适欲改写《西游记》的结尾：“唐僧动手，把身上的肉割下来布施给他们吃。一切冤魂吃了唐僧的肉，都得超生极乐世界，唐僧的肉布施完了，他也成了正果。”胡适，实实在在、的的确确就是这样的一位唐僧。

胡适是一个知善恶的人，是一个持平心的人，是一个秉持公正的人，是一个知行合一的人，更是一个温润如玉的人。他十个方面的人格事迹，使我们找到了培育君子人格的具体参照目标，明白了应该培育怎样的人，更使我们懂得了“玉不琢，不成器”的道理。

二、琢玉乃成器——践行仁爱，滋养性格

“传承孔子文化，培育现代君子”，这是从化中学的办学目标，也是其特色育人理念。我们从《论语》中读懂了君子人格的内涵，从胡适的人生经历中感受到君子人格的魅力。而现代君子的含义必须与时俱进，与当今的社会主义核心价值观相融合，与当今的社会政治、经济、生活相匹配，所以，我们培养的君子，是既拥有传统文化精髓，又具有时代理念、精神的新型公民。

我们都明白，学校教育是一种文化教育，是一种面向人的高品位文化教育。从化中学是一所有近百年历史的完全中学，校园内有延续五百余年的学宫——儒学文脉。“传承孔子文化”，就是使学校的文化优势得以延续发展，打造高品位的仁爱育人的校园文化，使之滋养学生的心灵、性格，促进学生健康人格的发展，使全校师生始终践行仁爱。

第一，我们思考并建设了“仁爱”校园文化。十几年来，学校修缮了

明伦堂、先师殿、学宫广场、棂星门，修建了从化中学博物馆，建造了东西方文化走廊、翠廊、君子亭、观川亭、校友亭等，让建筑实物说话，让文化环境育人。

第二，我们思考并建设了“仁爱”礼仪制度文化。进行中学生日常行为规范建设、课堂文化建设、寝室文化建设、升旗仪式建设、体育休闲文化建设和家校联动教育制度建设等，把仁爱思想落实到全校师生的行为上，不断地完善学校的礼仪制度；从校园日常生活的细节入手，滋养学生的心灵、性格。

第三，我们思考并建设了“培育现代君子”特色课程文化。我们从“传承孔子文化，培育现代君子”特色育人理念的顶层设计着手，加强对求仁教育课程建设的领导：调动教师的积极性，人人参与课程建设；根据学校文化特点，结合学生的身心特征，围绕《论语》及学宫文化这一中心，先后编写了11本校本教材；组织具有校本特色的社团活动，开展有关地域文化的研究性学习和社会实践活动，提升教师的课程建设能力。

第四，我们思考并建设了校友文化。我们成立了校友捐资的仁爱教育基金会，对学业成绩优秀的学生进行奖励，对学困生进行资助。校友们还捐建了石桌、石椅、敬师亭、君子亭、合一亭、校友亭等，既美化了校园环境，也教育了在校学生要感恩母校。

我们循着这些思路，一路思考着“琢玉”之功，考量着学校教育、家庭教育、社会教育的合力；一路践行仁爱思想，优化学校教育文化及其建设措施，净化学生的心灵，滋养他们的性格。我把已经付诸行动的近十年的这些想法和做法，写在本书之中，并将其敬献给同行专家和领导，乞望各位不吝赐教！

第一章　求仁路上的夙愿

何谓君子？成为君子，是从化中学师生心中的夙愿，是我们求仁路上的不竭动力。

无论冬夏还是春秋，一年四季都枝繁叶茂，树冠如伞，树绿荫浓，这是从化中学拥有的两棵年岁最长的古榕树。

在从化中学的校园内，楼前楼后生长的百年古树约有10棵，而其中的两棵古榕树已有400多年的树龄。校园里，高龄的树包括榕树四棵、木棉树四棵，此外还有新生代的龙眼树、荔枝树、酸梅树、樟树、棕榈树，以及操场四周的小叶榄仁。

古榕树虽然年代久远、枯枝败叶常掉落，但是它们仍然根基深扎、枝干粗壮、枝条苍劲、绿叶茂盛，仍然高耸挺拔，披星戴月地守护着这块育人园地。

榕树也许是自然界唯一能独木成林的树种吧。因为它的树枝向下生长着很多条垂挂落地入土的“支柱根”，从而形成柱根相连、柱枝相托、枝叶扩展、遮天蔽日的独木成林奇观；有的虽然没有长出“支柱根”，但是它巨大树冠的荫蔽面积达几百平方米，常年郁郁葱葱，蔚然成林。

榕树是岭南人普遍崇拜的吉祥树，它一年四季枝繁叶茂，象征着子孙后代繁荣昌盛。从化中学校园里的两棵古榕树，给予我们太多教育启迪，不也象征着一代又一代从化中学同仁不断求仁成人吗？

一、小树的成长

校园内的两棵古榕树是我的最爱。

在古榕树下，我思考过学校教育有怎样的职责，应该培养怎样的人。

如今，学生中独生子女占很大比例，教育好他们是一项艰巨的任务。上至校长——我，下至280余名教职工，话不能说重，更不能体罚，否则学生接受不了，不明情理的家长也会状告老师，有的学生甚至会伤害老师。对于校长来说，教育不是学校一家之事，而是涉及社会教育、家长教育的复杂事情。学生成才成人，是关系到社会、学校、家庭的系统工程。

我曾经阅读过这样一个故事。

这是一个真实的故事，发生在20世纪50年代美国的一个农场里。

有一个农场主为了方便拴牛，在庄园的一棵榆树上箍了一个铁圈。随着榆树的长大，铁圈慢慢嵌进了树身，榆树的表皮留下一道深深的伤痕。

有一年，当地发生了一种奇怪的植物真菌疫病，方圆几十千米的榆树全部死亡，唯独那棵箍了铁圈的榆树存活了下来。

为什么这棵榆树能幸存呢？植物学家对此产生了兴趣，于是组织人员进行研究。结果发现，正是那个给榆树带来伤痕的铁圈拯救了它。因为从锈蚀的铁圈里吸收了大量铁，所以它才对真菌产生了特殊的免疫力。

这棵树至今仍生长在美国密歇根州比犹拉县附近的那个农场里，仍充满生机和活力。

读了这个故事，我想起了孩提时代的一些事。

我是客家人，小时候家境困窘，父辈有三兄弟，共有十个子女。

大伯、大妈英年早逝，留下一个儿子；叔叔多病，婶婶早早去世，丢下四个孩子。

我父母有五个子女，加上大伯、叔叔家的子女，母亲要养育十个小孩，含辛茹苦。

家中子女多，我比较调皮，因此受罚也不少。

我的名字叫榕基，大哥叫房有，小弟叫顺平，都寄托了父母的期望。

农村有房就能安居乐业（房有）、娶妻生子；小孩不好养活，父母就让我拜村中古榕为干爹，寓意子孙满堂（榕基）；希望我们平平安安、顺顺利利（顺平）。

我一直非常敬畏母亲。母亲特别勤劳，我从来没有见过她比我晚起床、早睡觉，除非病倒。她对人厚道热情。我小时候，村里经常来一些小商贩，她总要给人家喝热茶，有时还招呼人家吃午饭，尽管可能只是红薯、芋头等。她常说，出门不容易，与人方便，自己方便。

岁月给母亲留下很多痕迹——白发、皱纹、驼背，然而在母亲忙碌的身影里，我读懂了做人的道理——要宽厚待人。

在磕磕碰碰成长的日子里，我们都长大成人了。

我在村小启蒙，中学就读于从化中学。1986 年 7 月，我从华南师范大学政治系毕业。

当时，按照前一届的分配原则，华南师范大学政治系的毕业生，部分优秀生是可以分到省级机关去的，包括学生会主席、团总书记、老党员和两位成绩特别优秀的同学，而我就是团总书记。但是在这一年，中央认为，现在的大学生缺乏对基层的了解，所以应该到基层去锻炼。于是，我被安排到广州市交通运输中等专业学校（现为广州市交通运输职业学校）工作，但是我想回从化中学，因为那是我的母校，我十分熟悉，可以更好地开展工作。

毕业分配是在 6 月月底，分配以后，就要离开学校了。离开学校之前，我到陶行知展览室参观。我认真地浏览了整个展览室，想把陶行知的一字一句都读懂。有一句话让我印象最深刻，就是“捧着一颗心来，不带半根草去”。临走，我对着陶行知的塑像深深三鞠躬，表示一定要向陶行知学习，扎根农村，把农村教育办得更好。

其实，教育的情结我很早就有了。我在华南师范大学读书的几年间，有一些事情令我很感慨。1986 年 3 月，我在韶关市曲江区进行教育实习，政治系的雷龙学教授负责指导我们。他跟我们座谈的时候曾谈到，在 20 世纪 60 年代，他带着广东省各地的优秀教师到北京参加表彰大会，在火车上，他了解了一下，在这些优秀教师里，没有一个是华南师范学院（1982 年 10 月才易名为华南师范大学）毕业的，当时他很震惊：华南师范学院培养了那么多毕业生，究竟都去哪儿了？怎么优秀的教师一个也没有？

雷教授的话引起了我的深思，当时我就想：别人都不喜欢到中小学从事教育工作，那就让我来做吧，而且要做出成绩。后来，我又认识了华南师范大学的其他教授，包括徐焕洲教授，他上课非常认真。还有负责讲授教育学的贺兆林教授，工作也是非常投入的。如果下午有课，他一定会在下午两点钟准时到我们宿舍，喊我们起床，叫我们去上课。还有一些老师，也是非常认真的，如吴少荣教授，一直都特别关心学生。我认识他是在教育实习之后，后来我常常到他家找他，向他讨教各种问题。当时他的妻子病了，家里的事情挺多，然而每次我找他讨教问题，他毫无半点推托的意思，总是热情地为我解答。还有年轻一点的教授，包括邝丽湛老师，都相当敬业，这些华南师范大学非常优秀的老师给我树立了榜样。我觉得，在中学，能发挥自己的才华，也是人生的幸运。

在从化中学，陈嘉仕校长、郭宜鸿校长、余灿源老师给了我特别的关心和帮助。1986 年 9 月，我开始做班主任，教四个班的政治课。每天我都起得比学生早，到宿舍去叫他们起床，然后一起跑步锻炼。上课的时候，我也经常坐在教室里，跟他们一起听课；课外活动中，我跟学生一起快乐地活动；劳动课上，我也跟学生一起动手去做，把自己完全融入学生中，这些做法使得班里的风气越来越好，成绩也在年级中名列前茅。

当时一位老师看到我很积极、勤奋，就跟我开玩笑地说："邱老师，你的这种工作激情能否坚持三个月？结果，这位老师——现在已退休了，现在见到我，笑着跟我说："想不到，邱校长，你的工作激情，不是三个月，也不是三年，而是三十年，很了不起！"

我非常幸运，工作一年多就被评为广州市先进生产工作者，这是非常难得的荣誉。一般来讲，工作一年后能被评为学校的先进工作者，就已经很不错了，何况是市里的先进工作者？我之所以能取得这项荣誉还要归功于当时教育局领导的关照，教育局领导认为，要评先进，就要在从化中学中选，就要评年轻人，所以就把我作为榜样教师来树立，使我成了一个标杆。1988 年，我非常荣幸地被校长聘为教务处副主任，负责学校的德育工作和班主任系列工作。从那时候开始，我就独当一面地开展学校的行政工作。1994 年 1 月，我被任命为从化中学副校长，负责学校的办公室工作、德育工作和学校安全工作。由于得到了教师们的大力支持，我的工作开展得相当顺利。1998 年 7 月，我被任命为从化市第三中学校长。2000 年 12 月，我被调到市委宣传部工作，任副部长兼文明办主任，后来又兼从化报社社长、市文联主席以及市新闻中心主任。2005 年 8 月，从化中学校长要做调整，市委领导征求我的意见，同意我办好从化教育的想法，便把我调回从化中学工作。

二、刨根问“源”

树有根，水有源，东西方传统教育的差异也是有根源的。

中国传统教育的根源可上溯至孔子，在孔子语录《论语》里。

西方传统教育的根源可上溯至苏格拉底，在与柏拉图的对话录里。

中国应试教育的根源在哪里？我们先来听一听孔子与颜回的故事。

颜回，字子渊，鲁国人。在众多弟子中，他是孔子最为欣赏的一个。孔子认为他好学而不违仁，最有可能继承自己的理想。孔子说：“颜回这个人，他能够保持三个月不违背仁之道，其余的弟子能保持几天乃至一月，也就到头了。”“颜回真是个贤人啊！哪怕只有一小盆饭吃，一瓢水喝，居住在简陋的巷子里，却依然能保持快乐的心态。”孔子觉得，自己与颜回之间最能够产生共鸣。他说：“告诉他，他就毫不懈怠地去践行，也只有颜回能做到吧！”“颜回，他对我的话，可以说无不会然于心，因心领神会而欣喜呀！”孔子对颜回说：“受人重用就出来做官，没人重用就隐居藏善，只有我们两个能够这样吧！”颜回做人，大智若愚。孔子说：“我跟颜回说一天的话，他也不会有半句不同意见好像很傻的样子。等我回头暗暗观察他的行为举止，发现他足以体现我所教诲的道理，这才发现他一点儿也不傻。”孔子问子贡：“你觉得你和颜回谁更有才能？”子贡回答：“我哪敢跟颜回相比？颜回那个人，听到一个道理，他就能发扬出十个来；我听到一个道理，能发扬出两个罢了。”孔子说：“是不如颜回啊，我也认为你不如颜回。”颜回体弱多病，29 岁头发就白了，32 岁就死了。孔子悲痛不已，大声叹道：“啊！老天要让我的理想不能传下去啊！”孔子因为颜回之死，哭得非常伤心。弟子们说：“老师太悲伤了。”孔子说：“太悲伤了吗？不为这样的人悲伤，还为谁悲伤呢？”鲁哀公问孔子：“您的弟子谁最好学？”孔子回答说：“有个叫颜回的弟子，最为好学，不迁怒于他人他事，不犯与过去同样的错误。不幸的是，他短命死了。如今就没有了，没有听说过有这样好学的人。”颜回早死，孔子一直为他惋惜，说：“真可惜啊！我看到颜回进步，而没有看到他止步。”孔子认为颜回若不早死，一定会成为更了不起的人。

孔子认为颜回不死定能成为更了不起的人，为什么呢？因为颜回能谨记孔子的教诲。孔子眼中的教育，是要学生遵循教师“布道”的准则，服从道德的结论，不随意发挥，只管去践行实施。这样教育出来的颜回就是孔子最得意的学生。如今，我们的教育也是培养听话的学生，能记住教师传授的知识、考出高分的就是教师的高足。应试教育是从孔子“布道”中得来的养分，所以根深叶茂。

我们再来听一听苏格拉底的故事。

学生：苏格拉底，请问什么是善行？

苏格拉底：盗窃、欺骗、把人当奴隶贩卖，这几种行为是善行还是恶行？

学生：是恶行。

苏格拉底：欺骗敌人是恶行吗？把俘虏来的敌人卖作奴隶是恶行吗？

学生：这是善行。不过，我说的是朋友而不是敌人。

苏格拉底：照你说，盗窃对朋友是恶行。但是，如果朋友要自杀，你盗窃了他准备用来自杀的工具，这是恶行吗？

学生：是善行。

苏格拉底：你说对朋友行骗是恶行，可是，在战争中，军队的统帅为了鼓舞士气，对士兵说，援军就要到了。但实际上并无援军，这种欺骗是恶行吗？

学生：这是善行。

苏格拉底通过追问，使学生自主领悟道理。苏格拉底用辩证的方法证明真理是具体的，具有相对性，在一定条件下可以向自己的反面转化。在苏格拉底眼中，教育就是对话、探讨，并在此过程中培养学生对未知领域的探究意识与浓厚兴趣。他认为，读书是为了促进思考，而不是为了记住而记住。

东西方传统教育的差异来自各自的源头。如今信息高度发达，东西方文化交流日益频繁，各自都看到了对方的优点和自己的不足，这是社会的进步。中国是有5000年历史的文明古国，圣人们积累了大量优秀的文化遗产和做人做事的道理。如《论语》中有许多名言警句，需要我们去学习、记忆、修炼，这就是传承。我们不能在批判中妄自菲薄，全盘否定，对于传统文化中的精华要继续发扬。譬如，君子人格是自古以来中国人一直在追求的理想人格，需要继承、发扬，但要注意，不能使学生永远活在圣人的光环之下，不能固化学生。

同时，西方教育也不是什么都好，对其可取的地方，我们要学习、借鉴，如重视培养学生的发散性思维能力、团队协作精神等。要使教育走向现代化、走向世界、走向未来，我们就要注重教育的选择性和合作性，以人为本，提高学生的自我发展能力，为学生的好奇心、想象力、创造力等留下发展的空间。

三、种树是树

种瓜得瓜，种豆得豆，种树是树。

我们传统教育中的应试成分比较重，不利于学生创新精神和创造力的培养。

作为一校之长，我一直在思考这样两个问题：应该把学生培养成怎样的一个人以及如何培养？

我知道，办学首先要解决教育理念问题，也就是思想观念问题。一个人拥有怎样的思想观念就会有怎样的教育行动——种树是树。

从化中学办学近百年，一代一代校长耕耘过，每一任校长都有自己的办学风格、办学思想。我从前任校长手中接过这副重担，既要延续从化中学的优秀办学传统，又要做出自己的办学特色。

从化中学是我的母校，我对她很有感情。中学时代，我在树下读书，与朋友谈心；先师殿里，拜过孔子；学宫前的广场上，打过球，开过会，听过校领导训话。这些场景至今仍然历历在目。

我喜爱从化中学这种优雅的人文环境。

具有5000年历史的民族文化就像血液一样流淌在我们全身，滋养着我们成长。学校教育也要渗透民族文化的基因，不能在信息化社会的大背景下忘了自己的根。我们要以传承优秀传统文化为己任,时刻不忘身上的担子。同时，我也思考着先贤圣人——孔子提出的君子问题。孔子按照仁的不同境界把人分为五等：圣人、善人、君子、士、小人，我们不能完全继承孔子的等级社会的教育观念。我仅取“君子”一词，因为君子是中华民族几千年来追求的理想人格，大家耳熟能详，易于接受。同时，君子人格与现代德育目标是一致的，即立德树人，培养学生健康的完全人格。

那么，为什么要提出“现代君子”呢？我考虑有三：第一，作为中华民族主流文化的儒家文化的开创者，孔子毕竟生活在战乱频发的礼崩乐坏的春秋时期，当时的政治秩序遭到破坏，社会动荡不安，强调的是主张王道、实施仁政、维护统治阶级利益的政治秩序。后来，儒家文化为孟子、荀子、董仲舒、朱熹、王阳明等人发扬传承，为统治阶级所用，其推行目的是使人们遵循封建阶级的等级制度来维护社会的长治久安，有其局限性。第二，孔子提倡的君子人格，是千百年来中华民族追求的社会理想，但很少有人能做到，反而是具备“两面人”“伪君子”人格的人比较多，所以我们不能沿袭照搬，而要取其精神内涵，去其不合时宜的礼教形式，融合现代精神，融合社会主义核心价值观。第三，也是最重要的一点。有关学者说，中国的四大发明与儒家文化无关，因为儒家文化提倡的道德规范比较多，主要成就在于修炼人格，而在培养人创新意识和创造力方面的建树很缺乏，甚至常常会钳制人的主观创造性。对这一点，我们必须要有清醒的认识。

“现代君子”中的“现代”一词，意味着我们要有现代精神、现代教育理念。而现代教育理念倡导的是“修身靠自己，成事靠大家”的合作学习意识，培养的是既有团队协作精神，又有自我发展能力的新型公民。

“传承孔子文化，培育现代君子。”作为校长，我首先必须端正教育思想、观念，然后才能协调大家的教育行动——种下一棵棵树苗。

要树立培养学生成为具有创新精神和创造力的人的教育观念，首先要懂得这种观念是如何构成的——树的种子。依据教育家们的观点，观念的框架是从三个维度构建的，即真理维度、伦理维度、审美维度。

第一个维度是真理维度，解决的是人与自然之间的问题，终极目标是辨别真理与谬误（真假）。如今的学校教育很重视对学生这一维度的思想建设，重视知识教学，尤其是在高中阶段，高考是头等大事。因此，教师唯恐学生对知识掌握得不牢，便无所不用其极，“满堂灌”“满堂问”“满堂练”“读不死就往死里读”。这种求“真知”的教学走向了极端，学生虽然在考试中取得了高分，却从此消减了求知的兴趣和发展的需求。

我记得，在 20 世纪 80 年代，学校教育虽然重视针对高考的应试教学，但还不像今天这样为高考而教学。在小学和初中，我没有从课本上学到很多知识，但在夏种秋收的支农劳动中受到了意志的锻炼，动手能力比较强。上高中时，我通常是在回家的路上梳理课堂上学的知识，尽量做到融会贯通，学会了珍惜时间。在学习上，尤其是数学学习，需要将老师讲的知识尽量搞清楚，最重要的是教材里的各种公式、定理，我会根据例题推演，弄明白它们的来龙去脉，进而学会了自主学习。因此我的高考成绩不错。同时，我养成了思考问题的习惯，思维能力得以增强。

按照如今的说法，我高中时所采用的学习方法就是体验性学习，即体验知识的生成过程，那时的学习虽苦但很快乐。这段学习经历，使我明白了一个道理，幸福是苦熬出来的。

第二个维度是伦理维度，解决的是人与社会之间的问题，终极目标是辨别善恶。在这一方面，我们做得很不够。学校虽然有专门的德育处负责对学生这方面素质的培养，但是，学校、家庭、社会三方面协调不到位，没有形成教育合力，甚至撕裂了各自教育的功能，导致了这一维度教育建设的坍塌。在社会追求高速发展GDP的功利主流意识的驱使下，在家长望子成龙、望女成凤愿望的裹挟下，学校为了自身发展的需要，过度追求升学率，使学生的品德教育边缘化、形式化、口号化，日常工作的重心在评估管理上而忽视了疏导养成，致使德育工作低效。而家长呢？他们也只看重孩子在学校的每一次考试成绩，忽略了对孩子如何处理同学之间的关系、如何处理与教师之间的关系、如何待人接物等方面的素质的培养。有问题，家长就推给学校或教师。可以这样说，我们的家长不知道如何做一个称职的家长，导致学生失去了家庭榜样的教育土壤。故此，观念伦理维度建设的固化和虚化，脱离了学生成长的实际，模糊了善与恶的分辨界限，导致弑母、杀师、毒害同学的破坏常态伦理的怪事情时而出现。

第三个维度是审美维度，解决的是人与自我之间的问题，终极目标是辨别美丑。民国时期，北京大学校长蔡元培就特别关注这个问题。有人说，中国是一个缺乏宗教信仰的国家，缺少宗教对人内心的教化和约束。蔡元培主张用美育来取代宗教的教育功能，提出美育是一切教育的“神经系”这一观点。我们要形成使人格完美发展的教育。“完”，即全面；“美”，即和谐。人格完美发展的教育就是人格全面和谐发展的教育。党的十八届三中全会出台了《中共中央关于全面深化改革若干重大问题的决定》，其中提出“改进美育教学，提高学生审美与人文素养”的宏伟蓝图。这里提出的美育，不完全等同于美术、音乐、舞蹈的教育，审美素养不能等同于艺术素养。人可以不会唱歌，不会画画，但不能不懂审美。

“好雨知时节，当春乃发生。随风潜入夜，润物细无声。”第一，教育需要“好雨”——美的东西。学生能接受的对象，如美的形象、美的仪表、美的肢体动作、美的语言、美的情感、美的思想等。第二，教育需要“知时节”——把握学生相应年龄阶段的生理、心理特点及教育教学规律，使所教知识的逻辑与学生的心理逻辑高度一致，这是有效教学的基本原则。不能用成年人的认知方式去教育学生，超出学生认知逻辑能力的教学是无效的。第三，教育需要“润无声”——润泽、濡养。身教重于言传，教师的言行举止是学生模仿、学习的榜样。

总体来看，上述三个维度整合起来，就构建起每个人观念的知识结构和认知图式。这三个维度的均衡发展支持着人的观念形成和认知图式的选择，然而我们的学校教育仅仅重视真理维度的框架构建，而忽视了其他两个维度，因而严重制约了学生创新思维和创造力的发展以及完美人格的形成。如今，我们提出“传承孔子文化，培育现代君子”的育人理念，就是要以传统文化中的孔子文化为基点，建设“培育现代君子”系列校本课程，激励学生“求真”“求善”“求美”以完善自我，培养学生的审美意识和想象能力，促进学生新观念、新思维的大发展，进而促进学生全面素质的提高。

先进的教育观念决定优化的教育行动——健康的树种决定树的长势，如此方能绿树成荫，成林成才。

四、“树木”与“树人”

十年树木，百年树人。

这句老话道出了关于“树木”与“树人”的朴实真理。

2005年8月，我主政从化中学。次年，为了迎接全国示范性普通高中验收工作，我们对学校体育运动场地开展扩建工程——新建了4000多平方米的室内体育馆；在体育馆右侧建了标准的排球场、高低杠活动场所和7个篮球场；扩建了400米塑胶跑道；场地四周、楼前房后的道路旁，栽种了小叶榄仁等树木。不到10年工夫，路旁的树木高耸挺拔、枝叶繁茂，无论站在校园哪个地方，一眼望去，都能看到绿树成荫，景色蔚为壮观。

更何况，体育馆左侧还有两棵400多年的古榕树呢？

树木，十年方能见成效。而教育学生，则是百年工程。“树木”与“树人”两者时间不同，却有相同的道理。

我苦心经营从化中学，肩负起“百年树人”的育人工作。不管到杏坛开教职工大会，还是领人参观校园，我常常穿过榕园，沐浴着古榕的浓荫，仰望着古榕粗大的枝干，俯视着古榕投下的斑驳的光影，目睹着古榕风雨沧桑的痕迹。

这两棵古榕也是从小树长成大树的。也许是学宫里的先生栽下的，为了表达师生间的情谊，希望自己的弟子成人成才；也许是求学的两兄弟栽下的，为了表达手足之情；也许是两个同窗好友栽下的，为了表达……

这两棵古榕在成长过程中，也许被调皮的学童伤过；也许拴过牛绳，被牛撞过；也许被雷劈过……但是，历经400余年，它们依然生机勃勃，枝繁叶茂。

关于“树木”与“树人”的道理，我想起了在中学时代读过的柳宗元《种树郭橐驼传》一文中精彩的一段。

问者曰：“以子之道，移之官理，可乎？”驼曰：“我知种树而已，官理，非吾业也。然吾居乡，见长人者好烦其令，若甚怜焉，而卒以祸。旦暮吏来而呼曰：‘官命促尔耕，勖尔植，督尔获，早缫而绪，早织而缕，字而幼孩，遂而鸡豚。’鸣鼓而聚之，击木而召之。吾小人辍飧饔以劳吏者，且不得暇，又何以蕃吾生而安吾性耶？故病且怠。若是，则与吾业者其亦有类乎？”

我将这段话改为以下文字。

问者曰：“以子之道，移之教育，可乎？”驼曰：“我知种树而已，教育，非吾业也。然吾乡之高中，见教师好布置作业者，若甚怜焉，而卒以祸。至晚教师来而呼曰：‘语文作文一，数学单元题，英语背课文，物理十大题，历史练习册。’周末则鸣铃而招之，英语特长班，数学奥数班，绘画班，钢琴班。吾成年人，且不得暇，况十一二少年乎？故病且急。若是，则与吾业者其亦有类乎？”

这种违背“树人”规律的学校教育是可悲的。

小树长成大树，要具备哪些条件呢？我细细思考了一番。

第一，小树种下后，不能轻易地移动它。俗话说：“人挪活，树挪死。”

挪树就会伤根。

第二，耐心等待小树成长，成长需要时间，我们不能揠苗助长，否则，树不仅不能长大反而会枯死。

第三，根深干粗。榕树不仅有根，还有不少气根，若引气根入地，枝干会更为粗壮，会枝繁叶茂，因为有足够的营养吸入。

第四，向上生长。向左或向右生长，它就容易受到空间的限制，向上生长就有无限的空间，并且易受到阳光雨露的滋养。

第五，生长的空间。空间越大树就长得越粗壮，越有自由伸展的空间。

第六，向阳的茂密。树冠朝太阳的一面往往枝叶多，就茂密。

“树人”工作也如此。我自己的成长也经历了四个阶段。

1. 坚信我是一棵树

（1）我是一个优秀的学生。在华南师范大学求学期间，我系统地学习了相关教育理论知识，曾担任系团总书记，积极参加并组织各种活动，兴趣爱好广泛。我通过系统的学习教育教学基本理论知识培养了教育热情，通过学习多样化的课程提升了综合素养。这为我工作后认识到课程改革是学校发展的核心因素，并通过丰富课程进行课程改革奠定了扎实的基础。

（2）我是一名出色的教师。1986 年我本科毕业，响应国家政策，回到自己的家乡——从化担任政治老师兼班主任。我所带的第一届学生在高考中分别获得理科、文科、外语类、体育类、艺术类县级状元。由于出色的教学成绩，我获得了不少荣誉：于 1993 年被评为广东省南粤优秀教师，同年又被评为广州市优秀教师；1995 年不仅被评为从化市优秀教师，还被评为从化市中学政治科教学能手；1996 年被评为广州市优秀德育工作者，同年被破格提升为高级政治教师，从一级升为高级正常年限为五年，而我只用了四年。

我早期的教师经历可以用两点概括。第一，勤奋。我最显著的特征就是勤奋，这个良好的品质为我日后在教育事业上勇攀高峰奠定了坚实的基础。初来从化中学，我总是煞费苦心地备好课，上好每一堂课。课余时间，我经常听其他优秀教师的课，用心学习他人的长处。当时，从化中学 90 多位教师，我都逐一深入其课堂认真听过课，并且每次的听课笔记都记录得非常详细。第二，谦虚好学。对刚开始教育旅程的我而言，饱含历史底蕴的从化中学中的一切都是我学习的资源。学校的领导能为我指明政治方向，坚定我的教育梦想；学校的教师能为我指导如何开展课堂教学和班主任工作；学校的学生能使我了解到他们真正的需求；学校的职工能让我了解到学校的运转需要各方面的协调；就连学校的花草树木，也让我开始明白了孔子的“仁爱”思想。我善于利用学校的一切资源来丰富和扩充自己的教育理论与实践经验，努力培养自己的科研能力。

（3）我是一位称职的干部。在从化中学入职一年半后，由于出色的工作表现，1988 年 1 月我开始担任教务处副主任，1994 年 1 月开始任副校长。在担任教务处副主任后，我首先学习魏书生的班级管理思想，借鉴科学的班级管理理念，并根据学校的实际情况开展班级管理工作。在担任副校长时，我意识到：学校领导者就是服务者。要为学校师生服务，为学校的可持续发展服务，作为管理者应该明确自己的角色，加强服务意识，培养管理能力。正因为具备了现代教育管理理念，这种“领导者和管理者就是服务者”的意识让我在提高教育教学质量的同时，又形成了班级管理和学校中层管理的智慧，积累了学校管理经验，熟悉了学校管理的相关工作，具备了教师教育、师生管理和学校管理的实践能力。

2. 我要扎根，充分吸收养分

（1）作为教育者，我坚持学无止境，努力提升育人技能。虽然获得了很多殊荣，但是我从未自大和满足，相反，我认为自己和国家的一线名师还有差距。常言道：要想给学生一杯水，自己必须先有一桶水。这就要求教师具备广博的知识和广泛的兴趣，具备深厚的专业功底和独特的教学艺术。为此，我非常注重自身素养的提升。1998 年，我参加了全国第一批硕士考试，成功考入华南师范大学，并在 2002 年取得教育学硕士学位。

（2）作为管理者与领导者，我努力探索办学规律，形成现代管理理念。

1998 年 7 月至 2000 年 12 月，我出任从化市第三中学校长和党支部书记。2000 年 12 月至 2005 年 8 月在从化市委工作，任宣传部副部长兼文明办主任，又兼任从化报社社长、总编辑，市文联主席，市新闻中心主任。2002 年至 2004 年先后被评为从化市、广州市精神文明建设先进工作者；2003 年被评为广州市优秀思想政治工作研究者；2004 年被评为广州市维护稳定及社会治安综合治理先进工作者。在任从化市第三中学校长兼党支部书记期间，我努力探索办学规律，使自己的领导素质及管理水平都得到完善与提升，工作有条不紊，有强烈的学习管理理论、总结管理经验的欲望，希望将教育科学理论应用于学习管理实践中。在从化市委工作的 5 年多时间里，我不仅积累了更为宽广的人脉，也开阔了眼界，更重要的是领导能力有了明显的发展——首先，在于个人决策能力的提升，善于调查、收集有效信息，进行决策；其次，具备了初级的用人能力；第三，规划能力也得到了提高，而且学会了整合并有效运用各种资源。

3. 我要往上生长

2005 年 8 月 31 日，我被调回从化中学任校长。旧地重回，我暗下决心：接好棒，再添光。在成熟阶段，我依旧参加了各类培训以提升自身的专业素质——2007 年参加复旦大学公共管理高级研修班培训；2008 年参加北京大学的党政系统领导干部培训；2009 年至 2010 年，分别参加清华大学的城乡一体化建设培训和教育领导力提升专题研修培训；2009 年至 2010 年，参加国家教育行政学院的校长在职提高远程培训。同时，我也获得了一些荣誉——2006 年被评为广州市教育统一考试优秀主考；2007 年荣获从化市高考突出贡献奖；2008 年被评为从化市教育系统优秀教育工作者、从化市创建广东省教育强市功臣、从化市优秀共产党员；2009 年被评为首批从化市名校长；2010 年当选为第 16 届广州亚运会火炬手，参加亚运圣火在潮州市的传递。

作为一校之长，我还积极参与课程改革，有效推动课堂教学创新并取得了显著成果。我提出了课堂教学“抓本质、促兴趣、给方法、求效率”

的十二字方针，体现了新课程理念下的三维教学目标。从化中学于1926年秋创建，是一所历史、文化底蕴比较深厚的“窗口”学校，我上任后，进一步巩固儒学文化阵地，丰富孔圣殿展品，建立学宫广场、观川亭、明伦堂、杏坛讲学厅、杏园等；弘扬传统文化，宣传世界文化，建设东方文化长廊（东廊）和世界历史文化长廊（西廊）等。

学校发展的方向应该是特色化，特色学校将具有无限的发展前景。因此，我根据从化中学的人文环境和办学传统，在总结学校自身的办学成绩和经验的基础上，提出了传承“仁爱”文化，胸怀生命激情，着力培养学生的批判性思维、独立思考能力、创造精神，构建自信、有尊严的“现代君子”校园生活方式的办学思想，努力创建一所将儒家仁爱思想和现代创新精神相结合的品牌学校。学校将传承优秀的办学传统与开创现代教育相结合，确立“以人为本，和谐发展”的办学理念，形成了“依本、质疑、合作、共进”的教学理念，以“打历史品牌，建现代名校”为办学目标，以“传统文化和时代精神相结合”为办学特色。在所有教职工的努力奋斗之下，2008年4月，学校顺利通过广东省国家级示范性普通高中验收确认，并被评定为省教学水平优秀学校。

4. 我要成长为心目中的大树

2011年我被评为广州市名校长；2012年又被认定为从化市和广州市名校长工作室主持人；2012年9月，我当选全国《中小学德育》第21期封面魅力人物；2015年3月，我被广东省教育厅聘请为名校长工作室主持人。

近年来，学校进一步加强校园建设，完善教学设备配置；强化师资队伍建设，倾力打造一支素质高、能力强、具有奉献精神的教师队伍；大力推进教育科研、校本培训以及校本课程（教材）的建设。

借助全市创强和学校创建国家级示范高中的东风，我和全校师生团结一心，积极改革，使学校办学水平连年跨上新台阶——在国家、省、市各类竞赛中获得奖励的项目连年增多；高考上重点线人数约占应届生的23%，本科线以上人数约占75%，省大专线以上人数约占99%，多名毕业生考上清华大学、复旦大学、上海交通大学、中国人民解放军空军航空大学、北京航空航天大学、北京外国语大学等名校；连续15年获广州市高中毕业班工作一等奖；初中毕业班也常包揽全市各科状元，连续多年获从化市一等奖。

我与古榕对话的过程，也是我历经磨砺与艰辛走向成熟的过程。我不仅具备了熟练的教书育人技能和扎实的政治学科科研能力，还具备了丰富的学校管理经验，形成了自己独特的办学理念，具备了较强的创新意识。在学校管理上，我们经过不断地实践与反思，切实打造和提升了学校的品牌效应。

我懂得了教育要耐心、细心；懂得了教育要坚定目标——求仁教育，多做“打洞”的事，少干“挖坑”的活；懂得了换位思考，设身处地地考虑师生的利益；懂得了要想让师生成长，必须自己先成长；更懂得了古榕的育人价值和“树木”与“树人”的道理，求仁方能成人。

第二章　求仁路上的现代君子

何谓君子的品格？榕园里两棵古榕树的根系就象征着君子的品格，它们的根深深扎在土里。

走进从化中学正门，面对的是具有几百年历史的先师殿和学宫广场，其右侧就是以两棵古榕树为中心的榕园。原来这里是两个篮球场，因为地面硬化影响榕树的成长，我与其他领导成员商议后重新规划，移走了篮球场，培土绿化，使这里成了师生的休闲场所。后来，我又找人引下两棵榕树的气根，如今气根已有碗口那么粗了。一眼望去，榕树枝繁叶茂，苍翠欲滴，具有独木成林的景象。

榕树之所以能形成这种景观，就是因为它的根扎得深。

“树人”也贵在培根。我们教书育人的根就是中华民族的优秀文化，我们要培养的学生人格就是君子人格。君子的内涵十分丰富，对于“君子”这一词语，孔子在《论语》当中就提到了一百多次。所谓君子，就是指人格高尚之人，指具有较高道德修养和人格魅力的人。

有人提出“现代君子”的标准：一是善良，纯真温厚，没有恶意；二是随和，随顺众意，不尚固执；三是诚信，真诚老实，履行诺言；四是恭敬，端庄礼貌，谦恭敬重；五是宽厚，宽容厚道，淳朴友谅；六是勤敏，勤快灵敏，机智上进；七是慈惠，仁爱和善，乐善好施；八是尽孝，孝敬双亲，感恩戴德；九是博学，博览群书，一专多能；十是高洁，情志高尚，操守纯洁；十一是仁义，性情和顺，通达事理；十二是含蓄，表达委婉，耐人寻味；十三是坦荡，胸襟开阔，心地纯洁；十四是明智，通达事理，远见

卓识；十五是谦让，谦虚谨慎，先人后己；十六是淡泊，不争名利，清静自守；十七是迁善，闻过则喜，从善如流；十八是中正，不偏不倚，正直刚强。做到这十八点，几乎是完人了，但大部分人都难以做到。

我们认为，“现代君子”的提出是君子文化传承和发展的需要，除了具备君子“仁爱”这一核心要义和较高的道德修养、人格魅力外，现代君子比古代君子有着更高的标准，它包括人文素养、合作精神、创新精神、责任担当、爱国情怀等。换言之，现代君子就是践行社会主义核心价值观的求“仁”路上的现代优秀人才,也是符合新时代要求的有用的新一代接班人，简称“时代新人”。

具体地说，我校提出了“现代君子”的标准：一是有仁爱之心；二是有时代理念（即社会主义核心价值观，包括爱党、爱社会主义等）；三是有文明行为。这三个标准让现代中学生听得明，学得进，做得到。

一、仁爱之心

当前教育中存在的一个关键问题，并不是技巧问题，而是爱心问题。如今教师最缺乏的不是教学基本功和教学技能，而是对教育规律的把握、对教育事业的热爱、对学生的仁爱。功利性正侵蚀着教育的肌体，我们的教育太缺少爱了。没了爱，一切教育都无从谈起。我们不无忧虑地看到，当今学生缺乏的不是营养而是教养，缺乏的不是关爱而是对和谐自然、和谐人际关系的认识。有些学生除了关心分数、升学外，对其他的事物都漠不关心，国家、社会、邻居、同学甚至老师、父母都不是其心中惦念的人和事，这体现了教育的缺失。当代教育非常需要用儒家的“仁爱”思想教育师生,用“仁爱”的力量唤醒师生。教育必须培养具有“仁爱”之心的人。

樊迟问仁。子曰：“爱人。”仁者爱人，就是用一种发自内心的善意去对待别人。这里说的仁爱，是一种深刻的有使命、有担当的情怀。

曾子说过：“士不可以不弘毅，任重而道远。仁以为己任，不亦重乎？死而后已，不亦远乎？”古代的君子，不可以不刚强且有毅力，因为他肩上的责任太重了。他将实现仁爱于天下作为一个人的生命担当，并且只要一息尚存就不停地做下去，一直到死才算是结束。作为一个现代君子，我们也要认识到自己的责任所在，要知道于己、于家、于国都有怎样的担当。

现代中学生的责任意识普遍偏弱，遇事缺乏担当精神，总喜欢把责任推到别人身上。如果任其发展下去，我们真的不能指望他们以后会在国家需要的时候站出来，甚至为了国家牺牲自己。因此，培养学生的仁爱之心非常重要。怎么培养呢？首先应要求学生放低姿态，与他人和谐相处。

我给学生讲过这样一个故事。有一个盲人，只要是夜晚出来，他走到哪儿别人都知道，因为他有个习惯，夜晚出门一定要提一盏灯笼。村子里的人都习惯于在黑暗中行走，看见有灯笼就知道这个盲人出来了。后来，从外地来的人知道这件事后，很感慨，说这个盲人的品德太好了，他自己分辨不出光明和黑暗，但夜晚出来，他还操心别人看得见看不见，总要为别人提一盏灯笼，真高尚啊！不料这个盲人听后淡淡地说："因为我看不见，我不希望别人撞到我，我提灯笼是为了我自己。"

通过这个故事，我告诉学生：与人方便，自己方便；帮助别人也是在帮助自己。我希望学生对此能身体力行，在点点滴滴的行为中体会到"让别人受益，自己也会有收获"的道理。这也是仁爱的一种体现。要做到这一点其实并不难。我发现，在从化中学这个大家庭里，学生不管是在学习上还是在生活上都能做到互帮互助、互惠互利、共同提高，校园内到处是和谐的画面。

孔子也曾告诉人们怎样做才算是仁爱。子张问仁于孔子，孔子曰："能行五者于天下为仁矣。"请问之，曰："恭、宽、信、敏、惠。恭则不侮，宽则得众，信则人任焉，敏则有功，惠则足以使人。"孔子说能够处处践行庄重、宽厚、诚实、勤敏、慈惠五种品德，便是仁人了。庄重就不致遭受侮辱，宽厚就会得到大众的拥护，诚实就会得到别人的任用，勤敏就会工作效率高、贡献大，慈惠就能够使唤人。

"恭"即庄重，是一种端庄、严肃的仪容态度，孔子要求人要做到"居处恭"；"宽"即宽厚，指待人处世要宽容厚道，正所谓"躬自厚而薄责于人"；"信"即诚信，"与朋友交，言而有信"；"敏"即勤敏，"敏于事而慎于言”；“惠”即慈惠，施行仁慈，慈惠就能够使唤人。人与人之间要互相恭敬，互相尊重，你敬我一尺，我敬你一丈；宽厚待人，礼让谦和；彼此以诚信相待；品格高尚，时时想助人，但需要会助人，有助人的能力与智慧。

对于中学生而言，“恭、宽、信、敏、惠”依然具有时代意义。

我们要求学生首先要做到“恭”，这是一个人对世界、对他人的态度，只有保持毕恭毕敬的庄重态度，才不会招致侮辱。每个人都有尊严，都希望得到他人的尊重。在学校，应尊敬老师；在家里，应尊敬家长；在社会，应尊重他人。尊重他人才会赢得别人对自己的尊重。我以前发现这样一种现象，学生怕见老师，远远看到老师就躲着走，像老鼠见到了猫一样。后来，我在全校师生集会中多次强调，学生见了老师要主动打招呼，为此还进行了训练。现在，大部分学生见了老师（哪怕是不认识的）都会主动打招呼，给老师们一种备受尊敬的感觉。

其次要做到“宽”，即宽和的态度。一个心宽的人，看到的世界才会是宽阔的；一个自私狭隘的人，看到的世界必定是狭窄的。我们培养的“现代君子”，必须是心胸宽广的人，这样的人才会活得快乐，才不会被尘埃蒙住心，不郁闷，不压抑。

第三要做到“信”。谁守信，谁就会得到更多的机会。在孔子看来，“信”至关重要，他甚至说：“人而无信，不知其可也。大车无輗，小车无軏，其何以行之哉？”意思是说，一个人不讲信用，那怎么可以呢？正如大车小车没有驾车的横木木销，那它靠什么来行走呢？“信”是一个人立足社会的必备品质。如果缺失了这种品质，即使得到了高官厚禄和万贯资产，也一定会得而复失。在市场经济体制下，企业信誉尤其是产品质量信誉，常常决定着一个企业的兴衰存亡。正所谓“商海无涯‘信’作舟”。曾任美国波士顿市市长的哈特先生说，五十年来，他看到百分之九十的成功生意人都是正直和诚实的人，那些不正直、不诚实的生意人大多数都会破产。他还在一次演讲中说：“诚信是一条自然法则，违背诚信的人是会得到报应的。”三鹿奶粉事件的发生，正是诚信严重缺失的结果。他们一面在各种媒体上大肆宣传自己的产品如何优质，一面却做着与其“言”完全相悖的不道德甚至是害人的事情。所以，这个往日著名企业的破产，正是必然的“报应”。

我们培养的学生最终都要走入社会，未来的职业生涯路是宽是窄，还得看其为人。那些笃诚守信的，即使资质平平，但只要他扎扎实实，一步一个脚印，领导就会不断给他机会，让他成长。五年、十年后，你会发现他越来越好。

第四要做到“敏”，即能够抓住机遇。学校也是一个小型的社会，学生平时有很多锻炼自己的机会，我要求他们及时抓住，以锻炼自己的才干，展示自己的才华。学校有那么多社团，又有那么多精彩的活动，学生大可一展身手。这就要求他们对自己有清醒的认识，同时对外界还要有敏锐的洞察力。学生经过在校的锻炼后，走入社会才能及时抓住机遇，发挥自己的聪明才智，做出一番大事业。

第五要做到“惠”，即以慈惠、宽容之心待人。具体到学生身上，就是在精神上互相鼓励，在物质上互相帮助，师生之间、生生之间，甚至陌生人之间都要做到这一点。从化中学的学生在校感觉很温暖，觉得学校就是一个大家庭，就是因为大家做到了“惠”。比如，有学生得重病，家里交不起医药费，全校师生就为他捐款，帮助他渡过难关；有学生情绪低落，老师、同学与他促膝谈心，直到驱散他心中的阴霾；对于社会上的慈善捐助活动，全校师生尽己所能捐钱、捐物……

仁爱是一个人发自内心的力量，它能影响别人，也能影响自己。的确，当我们的心中充满仁爱，它就是一股无形的力量，会带来非凡的影响力。所以我说，仁爱之心是“现代君子”的核心标准。

我向学生提出对他们人生三个阶段的期望：中学毕业考上如意的大学，大学毕业找到称意的工作，一生过上满意的生活。“如意、称意、满意”都是一种感觉、一种心态。要想有这种感觉、心态，就必须在中学阶段锻炼和提高自己的综合实力，包括体力（充满活力，干劲十足）、毅力（目标远大，坚强不屈）、思力（爱心诚实，宽容合作）、心力（承受挫折，遇事不惊）、智力（知识全面，理解渗透）、能力（方法正确，解题高效）等。课堂是学校最重要的教育教学活动场所，根据新课程改革的精神，我们提出了“依本、质疑、合作、共进”教学理念，努力创设和促成“爱生、严谨、善导、奉献”的教风，形成“主动、勤奋、灵活、高效”的学风，形成“团结、向上、艰苦、认真”的校风。良好的校园风气是学生成长最重要的外部环境和导向。

从化中学遵循学生的心理特征和认知规律，坚持“育人至谐”的宗旨，形成了“以体验活动为载体，促进学生和谐发展”的体验式教育的育人特色。我们怀着一颗仁爱之心，为学生精心设计和组织形式多样、内容丰富的体验活动。

学校每年都组织艺术节、创造节、科技节、体育节、国庆晚会和元旦晚会等大型活动；团委、学生会和年级组经常组织春游、户外拓展、慰问老人、上街服务等活动；积极开展学生社团活动，让更多的学生活跃身心、融入集体、关爱他人、参与管理、锻炼能力；组织学生开展社会调查，参加社区活动，实现知行统一，培养学生的社会责任感和奉献精神；每周升旗仪式后的“国旗下的讲话”，邀请学生进行主题演讲，让学生围绕信心、志向、学习方法、雷锋精神及他们喜欢的其他主题自荐报名参加，既对学生进行了良好的教育，又锻炼了学生的综合能力，一举多得。

校友会成立了仁义助学基金会，已筹集到几十万元，用于资助经济困难的学生，条件是“偿还诚意、生活困难、读书刻苦、节俭朴素、守纪有礼”，特别是资助那些承诺若干年后有能力时偿还借款，以资助经济困难的学弟学妹的学生，这样就形成了良性循环，保障有困难的学生能专心读书。我跟学生说：“进入从化中学这个大家庭，没钱读书或生活上有困难，校长和校友们都有责任和义务帮助你，但不用心读书、学习就是你个人的事了。”这样做的目的是让学生在接受仁义助学基金会帮助的同时，体验仁爱，感受仁爱，回报仁爱，学会仁爱。

我们力争让学生通过各种活动获得感官上的多重感受和情感体验，提高对事物的认识，从而让他们把活动中潜在的思想教育内容内化为一种自觉行为，达到“与自我发展和谐、与自然生态和谐、与社会发展和谐”的目标。

二、时代理念

孔子依据“仁”的境界，把人分为五个层次，即圣人、善人、君子、士、小人。而君子是“求仁”之路上的人，需要通过学习、修身、践行等途径不断地完善自身的知识、情感、意志、行为，才能达到自觉、自主、自发的最高的“仁”的境界。屈原在《离骚》中也讲到了君子的“内美”与“修能”，“内美”是指内在的美好品质，“修能”是指优秀的才能。在屈原看来，君子就是具有内在美好品质和优秀才能的人。“现代君子”的提出，是君子文化的传承和发展的需要。

我们认为，“现代君子”既要传承孔子的“仁爱”思想，根植于深厚的中华传统文化，接通中华民族优良传统的精气神，更要适应新时代、新经济、新政治、新文化的发展。我们要正确处理传统与现代、个体与社会、精神与物质、崇高与平实、传承与创新等的关系，以当代社会发展和学生自身发展作为学校德育课程的核心内容。如基于生命成长的从化中学“仁爱”“四德”，就是为了适应社会发展需要而构建的学校德育课程的核心内容。

1.“仁爱”——诚信的“为人之德”

“信之于人重矣。”诚实守信是中华民族的传统美德，必须强调修“信”的重要性，并借以广泛而深入地开展社会教化，使“信”的伦理切实在学校德育中发扬光大。

（1）我们要“立仁”之信——为人的标准。

“君子博学而孱守之，微言而笃行之，行必先人，言必后人，君子终身守此悒悒。”“君子不失足于人，不失色于人，不失口于人。是故君子貌足畏也，色足惮也，言足信也。”可见，作为君子的基本道德标准，“信”是自己对他人和社会的一种承诺，意欲成为君子绝不可“无信”。当下，为人师表的教师，一言一行、一举一动、一颦一笑都必须检点、规范，堪称表率，否则就不能获得学生的信赖和爱戴。对学生而言，新版《中小学生守则（2015 年修订）》第 6 条强调：“诚实守信有担当。”《中学生日常行为规范》第二条规定：“诚实守信，礼貌待人。”这是学生对社会、师长和同学的承诺，是学生为人的标准。

（2）我们要“显仁”之信——为人的品质。

诚实待人，信实办事，这样的为人品质对学生的发展至关重要。作为教育内容之一的“信”，孔子曾多次论说，如“信则任人焉”“言不忠信，行不笃敬，虽州里行乎哉”“主忠信，无友不如己者”“笃信好学，守死善道”……由此看来，孔子不仅把“信”作为人生的根本和归宿，而且付出了极大的心血对弟子们进行该方面的教育。同时，孔子十分重视教师自身的表率作用，强调“其身正，不令而行；其身不正，虽令不从”。他特别关注“显仁”之信对学生产生的影响。

（3）我们要“行仁”之信——为人的行为。

社会是个大职场，各行各业的人由共同认可的“行仁”之信约束自己，方可百业俱兴。学校德育要重视“信”的教育，使学生养就此种为人行为，为今后走入社会奠定基础。为政要“取信于民”，为商要遵从“童叟无欺”的法则，交友要“讲信明义”，自立要“言行统一”，这些都是“诚信”的表现。

总之，在学校德育课程建设中要重视“立仁”“显仁”“行仁”的诚信教育，它是学校德育课程的核心内容之一。

2.“仁爱”—— 责任的“为事之德”

如果说诚信是坚守的道德力量的话，那么，责任就是生产性道德力量。

责任感是行事成功的基础性条件，能催生出智慧和能力，能促使人做好事情，并因成功而感受到一种尽责和胜任的欢悦、满足，也正是在这种负责地行事的过程中，人的社会意识得到了提升。

以往，人们对成年人的要求比较多，而对未成人的要求比较少，造成了学校德育中责任感培养的缺位。如今，社会发展了，物质丰富了，学生面对的物质需求的困境少了，“穷人家的孩子早当家”“寒门出才子”的教育意义似乎离我们已经远去。何况现在的学生大多是独生子女，他们不缺少爱，而缺少责任感。我们应该帮助学生懂得自己的责任。在家里，使其认识到自己应承担的角色和应具有的行事能力，如关爱父母、协助父母完成力所能及的家务，学会自我服务和自我管理以减轻父母的负担等；在学校，使其树立学习的责任感和负责任的学习态度，如独立思考、自主探究、按时完成作业等；在社会大家庭里，使其认识自己的小公民角色，如做志愿者、进行社区服务等。

只有教师重视责任教育，学生才能成为有责任感的人。我们知道，除了社会、集体、家庭的外部责任外，人还必须对自己的选择及行为负责。正如科恩所说的那样：“在前一种状况下涉及的是职责，而后一种状况下涉及的是道德义务。”因此，对自我负责是这一道德要求的最高水平，也只有能对自己的选择和行为负责的人，才是具有完全独立人格的人。当今社会发展需要有这种既能承担自己的社会责任，又能对自我负责的独立个体，这样的人多了，才能创造出一个富有活力的社会。

这种责任的“为事之德”，也是“行仁”实践的具体表现。

3. “仁爱”——爱国的“为民之德”

爱国乃“大仁”之道。

学校德育课程把爱国（内含爱自己的民族）作为对学生道德教育的基本要求。一方面反映了个体与民族、与国家的生存关系，一个对自己的祖国和民族缺乏热爱的人，就会成为“无根”之人；另一方面，爱国也是一个公民的基本道德品质。在当今经济全球化和各民族、各地域的文化广泛交流的情况下，把爱国当作“为民之德”来强调，对学校德育课程建设的重要性是毋须多言的。

4. “仁爱”—— 慎独的“立身之德”

“穷则独善其身，达则兼济天下。”其中的“穷则独善其身”就是指个体修身的“慎独”，涉及的是对待生命和人生的态度问题，我们把它称为追求自我完善的“立身之德”。

每个人降生到世上，都有生的权利。人作为有意识的并逐渐生成自我意识的生命体，时时要做出如何生的抉择。人生的道路不可能永远是一帆风顺的，总是会遇到种种坎坷、艰辛和困境，如何生的抉择决定了一个人的生命意义。故而，“立身之德”的确对人生具有重要作用。

在学校教育中，善待生命，包括善待自己的生命和他人的生命，应该成为“善”的教育的起端。一是对慎独的“立身之德”的下限和上限做好规定。善待生命的下限是不要自杀和滥杀；上限是持积极的人生态度，即在人生的实践中追求自我完善。这种追求自我的完善，是每个只要意识到并想创造一个有意义的人生的人经过努力都可以做到的事。二是慎独的“立身之德”要具有普世价值。追求自我完善，并不是要用同样高的标准去要求每个人，而是要求每个人在认识今日之我之不足的基础上，去创造一个较之今日更为完善的明日之我。三是了解追求自我完善是一个开放的过程。追求自我完善，并不是闭门思过、修身养性，而是在积极的人生实践中不断学习、反思、重构、实践；追求自我完善，并不是洁身自好、远离社会，而是用发展着的生命去促进社会的进步，实现人生的幸福。

因此，在当今物质生活丰富和自动化技术越来越多地进入生产和生活领域，对人的体力付出、生活艰苦等方面的挑战越来越少的背景下，人们保持精神上的奋发向上显得尤为重要。“仁爱”“四德”作为学校德育课程的核心内容，使得学生的生命精神更加昂扬、奋发向上。

三、文明行为

道德教育是孔子教学的主体内容。孔子说：“弟子入则孝，出则悌，谨而信，泛爱众，而亲仁。行有余力，则以学文。”就是说，进家要孝顺父母；出外要顺从兄长；言行谨慎，诚实可信，广泛地去爱众人，亲近有仁德的人。上述几点全部做到之后，若有余力，就去学习知识。看来，孔子认为以德修身远远超过了学习知识。

孔子在30岁的时候，已经掌握了礼的丰富内涵，而且凡事依礼而行。所以，他回答颜回问话时说："非礼勿视，非礼勿听，非礼勿言，非礼勿动。"但礼不只是一种外在的形态，还内含着思想与情感。所以，孔子说："人而不仁，如礼何？人而不仁，如乐何？"可见，孔子在学礼用礼的过程中，还有一个超越礼的"仁"。

我们要培养的现代君子，即学礼用礼，具有文明行为的人。

现代君子不但应该具有传统君子人格的优点，而且应该具有现代社会所必需的全部特征，如具有强烈的法制意识、进取精神、创新精神、全面的价值理念等，都是现代君子应该具有的基本特点。

从化中学遵循学生的心理特征和认知规律，坚持"育人至谐"的宗旨，形成了"以体验活动为载体，促进学生和谐发展"的体验式教育的育人特色。通过选择和设计活动平台，让学生参与活动，使他们获得感官上的多重感受；通过学生自身的情感体验提高他们对事物的认识，从而使其把活动中潜在的思想教育内容内化为自己的自觉行为，达成"与自我发展和谐、与自然生态和谐、与社会发展和谐"的目标。

学校积极培养先进典型，树立学习榜样，发挥榜样的激励作用。基于"三好学生"评选活动，开展"十佳三好标兵"评选活动，参选学生在学生电视台上演讲，学校在宣传栏中张贴他们的优秀事迹，并进行表彰奖励；推出陈志明等优秀校友作为全校学生学习的榜样，号召全校学生学习他们立志成才、刻苦用功的优秀品格；组织学生开展社会调查活动、参加社区活动，实现知行统一，培养其社会责任感和奉献精神；组织学生参加大型公益活动的筹备、接待工作，让他们在活动中学会与人交往、协作，锻炼组织能力。同时，积极倡导学生培养诚朴、刚毅、乐观的性格品质——为人要诚朴，就是要以诚相待，朴实无华；做事要诚朴，就是要有实事求是的科学精神，严谨、勤奋的治学态度。刚毅就是刚强坚毅，即做事有主见、果断、有毅力，遭挫折不屈不挠，遇困难勇往直前。乐观，就是以宽容、接纳、豁达、愉悦的心态去看待周围的事物。

根据学生心理和生理的发展规律及认知规律，学校提出了年级德育目标，如下所示：

初一年级：儒家传统文化教育。让学生学会生活，学会理解，学会关心，学会相处，明白君子之道。

初二年级：纪律和行为养成教育。让学生学会学习，学会做人，学会自主，遵规守纪，正确处理师生关系和同学关系，养成君子之德。

初三年级：理想和前途教育。这作为学段的分水岭，教育学生树立远大的理想和正确的价值观，确立为社会服务、为国家和民族献身的远大理想，培育君子之气。

高一年级：做人教育。以行为规范和诚信教育为主，对学生进行行为习惯、文明守纪、人际沟通与协作、宽容与适应等教育，完善君子人格。

高二年级：成人教育。以责任心、使命感、爱国主义、民族主义教育为主，如优秀民族文化的教育、国家利益高于一切的教育等，彰显君子之风。

高三年级：成才教育。使学生形成健全的人格、良好的心理素质以及良好的价值观、人生观教育，如生存教育、发展教育、实现自我理想的教育等，培育现代君子。

在各主题活动的推进过程中，我们组织开展了一系列班团活动，如召开班团队会，撰写心得体会；充分利用班级文化阵地，营造“现代君子”主题班级文化；开展行为习惯养成教育活动、体验教育活动、校园志愿者活动；利用多种表彰方式展示优秀学生的风采，树立学习榜样，营造积极氛围；等等。很多学生悄悄地发生着变化，让我和教师们都对“培养现代君子”活动充满了信心。

第三章　求仁路上对君子人格的思考

何谓君子人格？中华民族对君子人格的追求正如榕园里的两棵古榕树一样历经沧桑的时光，具有不动摇的信念。

我每次走进榕园都会有不同的感受，受到不同的启发。学校的根本任务是立德树人，我们办校的宗旨是“传承孔子文化，培育现代君子”。至今，榕树为什么历经四百余年风霜仍然屹立不倒？因为它们坚定地立在一个地方，具有始终不动摇的信念。

为什么中国有着绵延5000年的灿烂文明？为什么有着自孔子以来数千年的“仁者爱人”的君子教育？这跟历朝历代无数仁人志士历尽沧桑、坚持求仁信念不动摇，追寻温文尔雅、文质彬彬的君子人格的培育的教育梦想分不开。而远在千里之外的英国，也有同样灿烂的文化，是近代工业革命的发祥地，英国人追寻着纯洁、完美、温和并富有同情心的绅士教育。中国的君子教育和英国的绅士教育是人类文明的两颗璀璨明珠，有不少异曲同工的教育精妙之处。如今，我们继承优秀传统文化，沿着君子教育的足迹前行，秉着“去粗存精、洋为中用”的原则，注入现代精神，放眼世界，“拿来”为我所用，精心培育现代君子。

借助得天独厚的孔庙人文历史资源，多年来，从化中学一直在探索“传承孔子文化，培育现代君子”的特色办学之路。2014年初，我赴英国参加深度跟岗培训。绅士教育与君子教育有区别，也有许多共同之处，寻找两种教育的闪亮点和结合点，必将对我校开展素质教育、全面提升学生综合实力、践行社会主义核心价值观等具有重要意义。本次跟岗，我们先后到Georgr Spencer，Trinity，Forest Way，Warren Hills等9所中小学幼儿园进行听课，与校长、中层干部及教师代表座谈，并与诺丁汉大学的Trevor Nunn，Joyce Matthews等多位教授进行了广泛、深入的交流。在翻译的帮助下，我也阅读了关于英国传统教育的部分文件及教育历史资料，深受启发。在英国的实地考察，使我对君子教育的认识得到了一定提升，为探索更宽阔的、更具国际视野的现代君子培育之路奠定了坚实基础。

一、英国的绅士教育

“绅士”和“绅士教育”在欧洲有一个发展过程。

原先在英国文学里，绅士具有贵族身份，与等第、出身相联系。后来绅士的范围扩大了，但其总以有身份、财产的“上等人”自居。有人概括了绅士的本质：来自纯洁的基因和完美的教育，有温和的礼仪、同情心，以及善意的言行举止和丰富的想象力。

所谓绅士教育，17 世纪绅士教育的集大成者、英国教育家洛克在《教育漫话》一书中所讲的，就是教育应该培养绅士，即培养身体健康的，具有良好的德行、广博的实用知识和技能的，精明能干的资产阶级实业家。

随着社会的发展，特别是科学技术的发展，传统的绅士教育内容已愈显保守和落后。因此，到了第二次世界大战之后，培养绅士的学校，其教学方法和科目已进行了改变，最终形成了一种切实可行的、与现代英国实际情况相符的培养学者型绅士的精英教育。绅士教育思想的产生，标志着封建教育向资产阶级世俗教育的转变，这在近代西方教育理论的形成与发展中占有重要的地位。

1. 绅士教育的起源与发展

（1）良好公民——绅士教育的萌芽（古希腊时代）。

在古希腊时代，人们提出要培养善良、智慧、勇敢的良好公民，如亚里士多德从德、智、体三方面论述自由人的培养，柏拉图关于哲学王的理想模式的描述，其中都隐含着绅士教育思想的萌芽。雅典的教育制度中提出培养目标是全面和谐的人。雅典的男孩七岁后进入私立的文法学校、音乐学校，初步学习读、写、算等知识，还学习唱歌、练奏弦琴，同时学习《荷马史诗》的选段；到十二三岁时，进入体操学校，练习跳、跑、角力、掷铁饼、投标枪五项技能，也学习舞蹈；十五六岁后，少数富有家庭的子弟再入国家体育馆接受身心和谐发展的教育。恩格斯对古希腊哲学做过这样的评价:“在希腊哲学的多种多样的形式中，差不多可以找到以后各种观点的胚胎、萌芽。”

（2）从文雅骑士到宫廷教育——绅士教育的前身（12—16世纪）。

骑士不是一种官阶，而是一种荣誉和身份，只有一部分人可以在骑士培训的终点获得这项称号。假如说对骑士的第一要求是勇敢的话，那么后来由此引申出的绅士风度的第一要求就是优雅与礼貌。骑士不仅效忠主人，还是虔诚高尚的殉道者和扶弱济贫的勇士。这些宗教和道德方面的美德，加上武士集团原有的那种罗马式的荣誉感和北方民族的忠诚、勇敢精神构成了骑士精神的基本内容。

到15世纪末，随着欧洲君主专制制度的产生和发展，宫廷贵族逐渐代替了骑士贵族。贵族的美德不仅表现为军事方面的勇武，还表现为爱情方面的罗曼蒂克。在经过骑士文学的大力渲染和理想化之后，这种美德就被称为骑士精神，在近代西方文化中得以保存，尤其对法国上流社会的行为方式产生了巨大的影响，并从法国扩展到整个欧洲。洛克对礼仪教育的重视正是这种风尚的反映。

（3）实业家绅士——绅士教育的形成（17—18世纪）。

该时期是西方绅士教育理论形成的重要阶段。到了文艺复兴后期，由于资本主义关系不断发展，自英、法封建贵族中分化出一个与资本主义有密切关系的新贵族阶层。资本主义生产关系的发展强烈要求，教育能够创新且以贴近现实生活的教育方法，培养出一批经验丰富的实干家和实业家。

（4）学者型绅士——绅士教育的发展（19世纪至今）。

随着绅士教育目标的确立，古典语言和具有人文主义色彩的学科成为教育的主要内容，体育也受到重视。最积极倡导绅士教育的，往往是传播新学术最得力的人文主义者，他们中最典型的代表是埃利奥特。这一时期，是绅士教育理论发展并丰富的时期，写书著述绅士教育的包括各行各业的人士。其中，有的本身就是绅士，有的是军事官员，有的是神职人员（其中部分还在教会中身居高职），还有一些则是导师、学校校长、理论家和教育家。尽管这些人的职业和所处的阶层不同，但是对于绅士应该是什么样的以及该通过怎样的教育培养出完美的绅士，大家都十分感兴趣，并出版了一系列的论著。

2. 绅士教育的主要内容

（1）德育。

在美德方面的谆谆教诲被认为是绅士教育的最重要目的，要远比各门功课的学习重要。洛克很重视德育，他说："在一个人或者一个绅士的各种品行之中，德行是第一位的，是最不可缺少的。"在德育问题上，洛克简要讲述了德育的任务与内容，主要讲的则是德育的原则与方法。

（2）健康教育观。

洛克继承了后期人文主义教育家重视体育的传统，把健康的身体看作绅士事业成功、生活幸福的首要条件，提出了"健康之精神寓于健康之身体"的说法。其实早在洛克之前，英国就已经形成了重视体育的风气，把身体健康与人生幸福联系在一起，把身与心的健康统一起来。洛克指出："健康之精神寓于健康之身体，这是对于人世幸福的一种简短而充分的描述。凡是身体精神都健康的人就不必再有什么别的奢望了；身体精神有一方面不健康的人，即使得到了别的种种，也是徒然的。"洛克是西方第一个提出并详细论证了体育问题的教育家，他认为健全的精神是最主要的，但健全的身体是其前提。

（3）智育。

洛克更关心绅士的基本教育，而非学术性的大学教育。洛克认为，教育必须使人适合于生活、适合于世界，而不只是适合于学校，因而反对把一两种文字当作教育的全部任务。他提出，教育在本质上是一种性格的训练，知识教育并没有穷尽它。"学问是应该有的，但是它应该居于第二位，只能作为辅助更重要的品质之用。"

在智慧和学问方面，主张学科的设置把古典课程与现代实用课程结合起来，依据是洛克关于学习科目的主要标准：它们应该是最有用的和最经常使用的。

在课程内容上，洛克从实用主义的角度出发，强调绅士所需要的知识只是一切知识“最有用处，最有结果”和最基本的那一部分。具体来说，绅士要掌握的学问分为三个部分：一是实用型的知识，包括读、写、算以及速记、地理、历史、伦理、法律、天文、物理、数学、化学、解剖学等；二是修养型的知识，包括希腊文、拉丁文、修辞、逻辑、音乐、绘画等；三是娱乐型的技能技巧，包括跳舞、骑马、击剑、园艺、细木工、精工等。因为“知识的学习是无法替代绅士对高尚道德的渴求的”。

在教学方法上，洛克主张绅士应当采用最容易、最简洁的方法学习。这就要求教师做到：一是适时而教，以基础知识传授为主；二是寓教于乐，培养学生良好的学习心理；三是循序渐进，教给学生学习的方法。

（4）礼仪。

洛克十分重视绅士的良好教养或礼仪（或译为“礼貌”），并称之为“绅士的第二种美德”。在礼仪的养成方面，首先洛克与伊拉斯谟一样，强调对绅士的有教养的风度的培养有赖于教育。其次，在他看来，美德是精神上的宝藏，而要让年轻的绅士养成彬彬有礼的习惯，大人们必须树立仁慈、美德的榜样和祥和的规诫，而不需使用严厉的斥责，只有这样，才能使他们养成如呼吸一般自然的常规。良好的教养是成为绅士的重要条件，一方面不要自傲和不谦虚，应该信心十足；另一方面不可过分做作。有教养的人必须在面貌、声音、语言、动作、表情上显现文化气质，除了尊重别人之外，还要以自己的良好表现来赢得别人的尊重。信仰并主张宽容学说的洛克希望大人理解和宽容地对待儿童天性的举止。因为儿童有儿童的天地，大人亦有大人的空间。儿童与大人之间的差距如何消除，如何使儿童成长为大人是教育家历来关心的问题。洛克也深悉此点，认为必须滋养学生的心灵，就犹如身体必须磨炼一样，这样身心才能健全。

二、中国的君子教育

放眼人类文明发展史，与英国的绅士教育相比较，中国的君子教育虽源远流长、枝繁叶茂，但是我们发现二者有很多相通的内容，以及共同的价值追求。把君子文化与绅士文化放在教育文化大变革、大发展的背景下进行理性分析，对认清我国传统文化中君子教育的优势所在，展望学校教育改革的愿景，增强教育的自信力，是大有裨益的。

1. 君子教育的特点

《论语》中的每一篇都论及君子，“君子”一词共出现一百多次。在孔子以及后来儒家学者的想象和描述当中，君子是既品德高尚（仁、礼、中庸三位一体）又精通“六经”“六艺”的德才兼备的人，是一个全面发展、达到自我完善的人，是一个通才，是一个精英人物。儒家所要培养的君子是从政的君子，是有道德、有文化的人才，既要德才兼备，又要能文能武。为了实现这一教育目的，孔子采取了私学的教育途径，并有选择地安排了教学内容。他继承西周贵族的“六艺”教育传统，吸收、选择了有用学科，又根据现实需要发展了“六艺”教育，创设新学科，对所传授的学科的体系都重新编排，充实了教学内容，大体可分为以下几个方面。

（1）以“仁”为核心的道德品格教育。

据《论语》记载，孔子办学有四教：文、行、忠、信，即文化知识、行为操练、忠心和信义，归结为一条，就是“知书达礼”；也可以将其分为两部分，前面的“文”讲的是知识教育、文化教育，后面的“行、忠、信”讲的都是道德教育。道德教育是和“仁”相联系的，并以“仁”为核心。孔子说：“君子无终食之间违仁，造次必于是，颠沛必于是。”即人哪怕一饭之顷、急迫万分或者颠沛流离的时候，也不能离开“仁”。“仁”是君子的根本品德，应重视对君子进行“仁”的教育。“仁”的范围非常广，包括爱人、孝、悌、忠、恕、慈、恭、宽、信、敏、惠、刚、毅、勇、敬、诚、温良、俭、让等，其中每一种品德都只反映“仁”的一个侧面，都不能包含“仁”的全体，只有多种美德的集合，才能称得上“仁”。可以说，“仁”是多种美德的概括和总称。

（2）以“礼”为规范的礼仪教育。

孔子强调知书达礼的目的，是希望君子时时处处以伦理道德规范作为做人办事的标准。孔子特别重视“礼”的教育。“不学礼，无以立。”“恭而无礼则劳，慎而无礼则葸，勇而无礼则乱，直而无礼则绞。”他要求君子视、听、言、动都要符合“礼”，尽力做到“非礼勿视，非礼勿听，非礼勿言，非礼勿动”。言行举止都要注意礼仪风度，能够约之以礼。对于孔门弟子来说，若要成为君子，最重要的是有“礼”之“行”，先做好为人的最基本的事情，然后在有余力的情况下，再去学习知识。“弟子入则孝，出则悌，谨而信，泛爱众，而亲仁。行有余力，则以学文。”孔子从各方面严格要求弟子，无论是服饰容貌，还是接人待物，对己对人都要符合礼仪，符合君子风范。

（3）以“博学”为特征的知识教育。

孔子认为，刻苦求知、博览群书既是实现个人宏图大志的途径，又是培养君子的前提。孔子说：“君子博学于文，约之以礼，亦可以弗畔矣夫！”这里所说的“文”，代表古代的一切文化知识；这里所说的“礼”，包括古代流传下来的文化精神。在孔子看来“不知礼，无以立也。不知言，无以知人也”，若能做到博学而合礼，人生就不会离经叛道，这也就是“君子学以致其道”之意。其实，我国自古以来有着丰富的素质教育思想及相应的教育实践。西周的教育注重提高人的多方面素质，当时兴的“六艺”之教“礼、乐、射、御、书、数”就体现了对人的多方面的要求和培养。孔子也致力于对人的真、善、美素质的培养，注重对人的理想人格的塑造。君子人格就是他所追求的最高的人格，其核心品质是“仁且智”（“仁且智，夫子既圣矣乎。”《孟子・公孙丑上》）。孔子进行研究并编成的教材有六种，即《诗》《书》《礼》《乐》《易》《春秋》，“礼、乐、射、御、书、数”是君子主要的学习内容。“六经”是孔子私学的主要课程。大体上，《诗》相当于文学课，《书》相当于政治课，《礼》相当于道德伦理课，《乐》相当于音乐艺术美育课，《易》相当于哲学课，《春秋》相当于历史课。虽然这种说法不尽贴切，但也有一定道理。我们从此也可以看出我国的君子教育可谓广博丰富、内容全面。

（4）以“启发”为主的教学方法。

孔子在教育实践中总结了丰富的教学经验和教学方法。

首先，孔子最早提出因材施教的教学原则。他把因材施教与启发诱导结合起来，即从学生的实际情况出发，运用启发诱导的方法，发挥学生学习的主动性和积极性，以保证培养目标的实现。如几个弟子同样问“仁”，孔子却从学生的具体实际出发进行教学，回答不尽相同。

其次，启发心智，循循善诱。“温故而知新，可以为师矣。”孔子认为教育之所以能够成功，其中一个重要原因就是教师讲究教育教学方法，善于启发学生的心智。

再次，以身作则，言传身教。孔子说：“其身正，不令而行；其身不正，虽令不从。”充分说明了教师是学生的重要榜样，其一言一行都会直接影响到学生。

最后，学而不厌，诲人不倦。这个要求对教师而言，是希望教师本人要努力学习，永不满足；对学生要勤奋教导、不辞劳苦。此外，孔子还提倡有教无类，师生平等，共同对话；注重培养学生良好的学习习惯；等等。

2. 与英国绅士教育的异同点

（1）君子教育与绅士教育的共同点。

首先，置德育于首位：讲究美好品德，重视谦谦礼仪。

君子教育把道德教育置于教育的首位，对受教育者强调“道之以德，齐之以礼”，以此作为实现教育、为社会发展服务之目的的保证，由此形成了孔子乃至整个儒家教育的根本特点。

以儒家学说为主要内容的中国传统教育，以道德修养和道德教育为中心，孔子眼中的“士、君子”，孟子心中的“大丈夫”，都是道德的典范。其教育内容对培养人的道德情感与爱国精神有着重大的影响，是中国传统文化的宝贵遗产，反映了社会进步的普遍要求。尤其是宋明理学家把封建的伦理道德视为“天理”，强调修身养性、格物致知。书院就是一些学者为达到修身养性、求得真学问的目的而开办的古代高等教育机构。他们在教育过程中强调“理”的教育和爱国主义教育，强调伦理纲常名教，强调“修身、齐家、治国、平天下”，强调人的自我觉醒、自我约束，采取“修身治国”“改过迁善”“致知践行”的原则和“自省自察”“存养”“陶冶”的方法进行道德教育，主张静以养心，俭以养德，修己安人，在读书治学中思考人生的目的、意义，培养真正的君子品格。因此，以德育为先，注重道德学问，注重修身养性是中国古代教育的重要原则。

君子是以孔子为代表的儒家道德教育培养的理想目标。其道德标准就是以礼为内容的道德规范和以仁为内容的道德情操的完美结合。换句话说，仁是一种内在的美，礼是一种外在的美，只有将仁的内容通过行为（礼）表现出来，人格才是完美的。中国传统教育的根本特点是重视道德的培养。

同样，绅士教育也强调美德，也将德育的目标置于首位，认为美好的德行是教育最首要的目的，比科学知识和艺术教育更重要。一个绅士应该具有多方面的美德，包括英雄般的气质、为公众服务的精神、宽宏大量的气度、虔诚的信仰以及勇敢和爱心，而且应该从小就开始接受道德教育，学会如何讲究礼仪，成为谦谦君子。

其次，以育人才为目标：重视全面发展，培养全人精英。

在培养目标上，绅士教育培养的是社会的精英，儒家的君子教育培养的是国家的廷臣。中国的传统教育是很重视人的全面发展的，体现在“六艺”上。孔子提出，因为“君子不器”，所以各方面的才能都要有。古代所有受过教育的人，几乎都是全面发展的。

虽然洛克主张培养出来的实业家绅士，只要掌握必要的知识和技能就可以了，而不用成为一个博学的人。但是在实际的教育过程中，他也格外注重德行、智慧、礼仪、学问以及身体健康、体育锻炼等方面的教育。而且英国各公学培养出来的学生绝大多数都成了英国社会中各个行业的领军人物，是名副其实的社会精英。

（2）君子教育与绅士教育的不同点。

第一，君子教育重政事，绅士教育重自然。

在中国古代知识分子的人生道路上，为学不离从政，学与仕始终是不可分离的。古代高等教育预设了“学而优则仕”的教育目标，从汉代开始分科目察举人才以后，尤其是在隋唐设立科举制以后，高等学校的办学目标就是“储才以应科目”。中国古代高等教育中的官学具有明显的“学在官府”“政教合一”特点，“学在官府”即学校皆由官府所设，教育机构与政府机构合而为一，并且“以吏为师”，官学中的教师都是朝廷命官，办学地点在官府之中，统治者的政治化人格被作为社会楷模。“政教合一”即以政治教、以教治国，强调教育为政治服务，教育必须以“政”（治国之道）为内容。在“学在官府”“政教合一”的教育体系下，政既是教育的内容，又是教育的目的。正是由于中国古代教育与政治的这种密切关系，使得教育机构中的学生在校学习时就很关心时政。古代高校学生和朝中士大夫本着学术上的承袭关系，政治上也经常持相同立场并互相倚助。因此，古代高校历来是开展政治活动的场所，学生关心国家大事、议论朝政成为一个传统。而这一点不仅体现在官学中,在私学中也不例外,如东林书院就有“风声雨声读书声声声入耳，家事国事天下事事事关心”的著名对联。

虽然绅士教育作为一种世俗的现实主义教育思想，也从功利主义角度出发，强调培养绅士的教育目的，但是它站在17世纪新的历史起点上，立足于现实社会生活，将后期人文主义教育思想与英国社会生活需求结合了起来。绅士教育既摆脱了早期人文主义教育复古、刻板的倾向，又冲破了教会教育改革的神学束缚。英国教育家洛克认为，绅士的培养要通过家庭教育的途径，要采取品德陶冶的方法。而陶冶儿童性格的教育内容之一，就是应该崇敬至高无上的造物主——万善之源。学生要像上帝普爱众生一样，热爱世人。在教育方法上，绅士教育注重对学生性格的陶冶；在教学方法上，遵循人文主义学者提倡的自然原则。

第二，君子礼仪教育重内化，绅士礼仪教育重外化。

我国传统的君子也讲究“彬彬有礼”，只是这种礼仪更在于内心的宁静、通达。“克己内省”主要讲的就是在人与人交往的关系中，君子该如何待人接物的问题。君子主张在处理人际关系时，应重在严格要求自己，约束和克制自己的言行，使之合乎道德礼仪规范，此乃“克己”。“克己复礼为人”，讲的就是这个意思。此外，君子在处理客观的“道”（指道德行为的规范和准则）与主观的“德”（指内心的情感和信念）的关系时，应重视积极开展主观的思想分析活动，自觉地进行思想监督，而不受外在强加的影响。这种主观的思想活动，谓之内省。在君子教育中，“克己”须贯彻到日常生活的各个方面；内省也是日常提高修养的必用方法。“吾日三省吾身”，即为此意。

相比而言，绅士教育注重“形在其外”，重视经验的获得和应用。学生应该依“理”而行，诸事都应该立有规矩，按照原则进行。比如，别人说话时不能插嘴，具有良好教养的人必须在声音、语言、动作、表情上显现文化气质，“向绅士敬礼要弯腰，与别人说话时应注视对方”等。

第三，君子教育注重集体性，绅士教育注重个体性。

西方文化与东方文化相比较，有一个根本不同点，即二者对人的本质的理解的差别：西方把人看成“独立”的个体，东方把人看成“群体的分子”。也就是说，西方文化视个体重于群体，东方文化视群体重于个体。所以，西方文化以个体自由为中心的人文精神，对于生长在重群体而轻个体的东方文化中的中国青年的健全人格培养，有着重要的借鉴作用。西方的这种以个体自由为中心的人文精神在西方文学中有着生动而深刻的体现。

中国古代哲学提倡天人合一，是朴素的整体论。在这种哲学的影响下，在两千多年的封建社会中，皇帝被称为天子。而教育要实现天人合一的哲学目标，就要求学子忠诚于皇帝。君子教育主要是为封建社会服务的，是为封建社会培养封建人才服务的。所以君子教育强调的更多的是教育的集体性，即教育的一致性、无差别性，从而抹杀了人的个性。

中国传统文化的主流是儒家文化。“仁”是儒家文化的中心观念。“仁者爱人”，所谓“仁”就是个人对他人、对群体的责任与义务。儒家文化对人的定义是“仁者人也，亲亲为大”。“仁”字的构成也形象地证明了这个定义的含义：“仁”字是“人”字旁加一个“二”字，也就是说，只有在“二人”的对应关系中，如君臣、父子、夫妇、兄弟、朋友的关系中才能尽到人的责任与义务。《新语·道基》中说使民“知有父子之亲，君臣之义，夫妇之别，长幼之序”。可见，伦常纲纪作为群体原则早就开始奠定了。此外，孔子主张君子要“群而不党”，不主张个人离群索居，《论语·微子》中说：“鸟兽不可与同群，吾非斯人之徒与而谁与？”他非常强调人的社会性、集体性，强调人只有生活于社会伦理关系之中才能生存和发展，因此人必须结成群体共同生活，个人的意志需求应该建立在社会群体的情感、社会责任、社会行为的基础之上，个体应与群体和谐相处、团结协作。

儒学建构了以仁为核心，以血缘亲情关系推衍到社会集体乃至民族国家的思想体系。这是一种比较积极的人生态度和入世精神，表现出对人生、社会和集体的关注及积极的参与精神。儒家伦理学并不忽视个人价值，但相较而言，更重群体。

此外，在我国古代宗法社会里，由于家庭、宗族的整体利益关乎每一个成员的利益，因此要求把维护家庭、宗族的整体利益作为首要的价值取向，强调集体秩序对个体的意义，要求个体服从和服务于集体。因此，这就决定了君子教育的集体性取向——为了社会的、群体的利益，关心群体素质和人类素质多于关心个人素质，特别重视培养人类的集体主义精神。

而在西方，基督教和天主教虽然要求人们信仰上帝，但是《圣经》中很自然地把上帝和人类分开——上帝是世界的创造者，人类和上帝是两个不同的客体。在西方，人类跨入文明的大门时，以雅典人为代表的古希腊人以自己的特殊方式创造了以世俗自由文化为主流的文化。他们在创造这种文化的过程中认识到自身的本质是世俗世界的“自由人”，于是形成了古代西方文化以世俗个体自由为中心的人文精神。古希腊神话传说及其演绎（主要是古希腊悲剧）是古希腊的主要文化成就，其中的那些神和半人半神的英雄的形象，就是古希腊人本质的对象化，体现了以世俗个体自由为中心的人文精神。

在西方现代观念中，经过文艺复兴、宗教改革的洗礼，宗教信仰已成为一件纯粹个体性的事：人可以作为纯粹个体，单独面对神，与神签约。在洛克那里，个人主义和自由主义的特征使他更多地从个人发展的角度去论证教育的作用。此外，洛克在经验主义的基础上吸收和改造了理性主义的因素，在提倡理性思维的同时，更重视个体的经验和个性的培养。而且，他重视人的感觉经验对道德生活的实际影响和直接意义，偏重从个人道德生活的实际经验出发来探讨人类道德本质。这种一开始就注重个人利益的近代伦理思想的西方教育提倡精英教育，强调对人的个性的培养与张扬。

三、有关绅士风度与现代君子人格的教育思考

我国传统君子教育和英国绅士教育都是时代发展的产物。绅士教育为英国资产阶级的发展壮大提供了恰当的教育理念；而中国的君子教育则贯穿了两千多年的封建社会。如今，时代的进步、新技术的革命、东西方文化的交融、人类的发展都对教育提出了新的要求。我国确立了以素质教育为主要内容的教育体系，体现了社会主义社会对人的全面发展的迫切要求。

1. 现代君子人格培育

现代君子，只是个借用的代名词，指既有传统的君子美德，又有现代创新意识、创新行为的新人。具体来说，它指素质全面的人才，即具备良好的身体素质、心理素质、社会素质（政治素质、思想素质、道德素质），是全面型人才。这种人才在德、智、体、美、劳诸方面有着全面的发展，是有理想、有道德、有文化、有能力、有纪律的社会主义事业的建设者和接班人，是既有科学文化素养又有道德情操的社会主义公民。

人格培育主要有以下几方面的素质要求。

第一，德育——围绕爱国主义的政治思想、道德情感素质

一般来说，我国的德育包括以下几个方面的内容：辩证唯物主义和历史唯物主义的教育，主要目的是帮助学生树立科学的世界观、人生观和价值观，使学生逐步学会运用辩证唯物主义和历史唯物主义的立场、观点、方法分析现实社会生活中的政治、经济、文化、道德现象，评价各种社会思潮，确立为建设有中国特色的社会主义而奋斗的目标。对小学生的要求是使他们初步具有爱祖国、爱人民、爱劳动、爱科学、爱社会主义的思想感情，初步养成关心集体、认真负责、诚实、勤俭、勇敢、正直、合群、活泼向上等道德品质。对初中生的要求比小学生的明显要进一步，要求他们具有爱祖国、爱人民、爱劳动、爱科学、爱社会主义的思想感情，初步具有为人民服务的理想和集体主义的思想，具有守信、勤奋、自立、合作、

乐观、进取等道德品质。

第二，智育——全面的科学文化素质

智育所要培养的素质包括以下几方面。

A. 独立学习能力，即善于运用不同方式、从各种渠道主动地获取知识，不断完善和更新自己的知识结构。

B. 独立思维能力，即能够运用各种逻辑形式和非逻辑形式进行思维，认识事物的本质和规律。

C. 语言表达能力，即能够运用自己的母语或外语同别人进行口头和书面的交流。

D. 接受和处理信息的能力，指能够运用各种信息传递工具，收集、整理、加工和传播信息。

E. 实践能力，指将所获得的知识运用于实践，改造客观世界的能力。

F. 创新能力，指在已有知识的基础上，进行创造性思维，得出新结论、进行创新的能力。

G. 对未知事物的好奇心、广泛的兴趣、对问题执着探索的精神。

第三，体育——强健的身体素质

体育是发展学生身体素质的教育，其目标在于提高学生的生理素质和相应的心理素质，增强学生的体质和运动能力，培养他们良好的体育运动习惯和体育道德品质。

2. 培育现代君子的基本原则

君子教育与绅士教育是在不同时期、不同背景下发展起来的不同的教育思想，但究其根源，绅士教育其实也是一种素质教育，只不过它属于早期资本主义形态的素质教育。素质教育实质上是我国古代君子教育在当代的一种发展，是源与流的关系。因此，广义的现代君子教育其实包括各种社会形态的素质教育，具有比传统君子教育、英国绅士教育更为悠久的历史和更强的生命力。培育现代君子的基本原则主要有以下几点。

第一，立足个人本位的价值取向

教育是培养人的活动，而个性是人最为宝贵的心理品质。一个人受教育的成功与否，关键就是要看其个性是否得到充分、自由、健康的发展。所以，教育应当成为真正促进学生个性自由、健康发展的推动力，这样才不失其神圣，不失其使命。而在教育目的的价值取向上，绅士教育和素质教育都不约而同地偏向于个人本位思想，极其注重学生个体的发展。具体表现在以下两个方面。

① 重视人的发展及个性的发展。

洛克思想的个人主义和自由主义特征，使他更多地从个人发展的角度去论证教育的作用。绅士教育尊重儿童的人格、尊重儿童的权利，认为教学方法必须考虑儿童的特殊需要、兴趣和能力。洛克根据自己对儿童年龄特征和心理特点的观察和研究的成果，精辟地论述了教育儿童的具体方法，对文艺复兴以来人文主义教育家的“教育遵循自然”的方法给予了丰富和发展，认为教育应该首先仔细研究儿童的天性和才能，并尽量使其天性得到发展。对素质进行结构分析，是进行素质教育的前提条件。素质教育强调首先要对学生个体的个性进行充分的分析，在分析的基础上从人的差异性出发，通过教育使每个人在原有的基础上得到发展与完善。素质教育的使命就是要把学生从沉重的课业负担下解救出来，还给其一片蓝天；就是要注重学生的个性与特长，使每个学生都能够受到相应的培养，让个性充分发展，使个人潜能得到相应的开发，使学生成为与社会相统一的具有积极性、建设性的人才。

② 充分发挥学生的主动性，激发学生的好奇心。

绅士教育尊重每一个学生的权利，充分发挥学生的主动性，让学生把学习当作一种娱乐，不可当作一种工作。在尊重学生的同时，还要激发学生的好奇心、求知欲，因为好奇心其实是一种求知的欲望，应当加以激发和培养。比如，不讥笑学生提出的任何问题，而要给予认真的答复。在解释学生想要了解的事物时，应按照他的年龄与知识的多少，使他尽量懂得，而不应超过他的悟性所能理解的程度。还有，多采用一些特别的表扬方法，培养学生探求世界的好奇心。同样，现代君子教育也要充分弘扬人的主体性，注重开发人的智慧潜能，注重形成人的精神力量；强调要尊重和发展学生的主体意识和主体精神，培养学生健全的个性。

第二，注重全面发展的综合素质培养

旨在将学生培养成实业家或学术性绅士的绅士教育，虽然不要求学生成为博学的人，但“想要博学的人，必须熟悉一切科学的对象”。从最初培养基督教绅士到培养学者型绅士的绅士教育，不论是为了满足资本主义初期发展的需要，还是为了适应现代化社会的实际需要和科学技术的发展，都要求学生不仅要有健康的体魄、敏捷的思维和高贵儒雅的举止，而且要具备吃苦耐劳、团结协作的精神和战胜困难的自信心，同时在学术方面又能成为佼佼者，真正达到身心全面、健康发展。相应的，绅士教育不仅重视培养学生的美德，而且十分重视对学生体能的训练，皆在使其拥有健康的体魄。同时，古典课程和宗教课程的道德熏陶、课外活动中的礼仪和才能训练以及学术等方面的扎实、广泛的培养，拓宽了绅士教育培养目标的内涵，真正把绅士教育从培养基督教绅士拓展为培养学者型绅士。

我们国家目前提倡的素质教育就是对现代君子的培育。素质教育是使每一个人都得到发展的教育。它要求每个人都能在自身的基础上有所发展，在身体、心理、技能、知识、品德、情操等方面都能获得充分发展。当然，素质教育也不赞成教育上的“平均主义”和“一刀切”，而是全面中有重点、综合中有个性地对学生进行综合素质的培养。素质教育中的全面发展，就个体而言，是“一半发展”与“特殊发展”的辩证统一；就群体而言，也是“一半发展”与“特殊发展”的辩证统一，从而使学生能走的走得更远，能跑的跑得更快，能“飞”的“飞”得更高。在这一点上，绅士教育和素质教育是相通的，和现代君子培育也是相通的，都注重人的全面发展，促进人的身心和谐发展，提倡综合发展学生的素质，以求培养出“完满的绅士”或“完美的君子”。

第三，遵循自然适应的教学原则

洛克认为，教育要顺应儿童的天性，教师要经常试试看儿童最适合走哪一条路，哪一条路与他们最为适合。现代君子培育是培养学生创新能力的教育，在教育过程中，同样注重启发诱导学生的自觉性、积极性和创造性，而不是强迫学生学习。

第四，强调人文素质的培养

绅士教育非常强调对学生人文素质的培养，这是受西方社会重人文、重古典的传统教育思想的影响。我国目前提倡的素质教育也强调对学生人文素质的培养，这是针对当前学生尤其是大学生人文素质的现状提出来的。这也是培育现代君子的重点。

四、绅士教育和君子教育对培育现代君子的启示

1. 加强道德素质教育，发扬中华传统美德

从古至今，中华民族都很重视道德教育，中国古代先贤为大众树立了光辉的道德榜样。孔子的教学内容包括道德教育、科学文化教育和技能训练三部分，但这三部分内容并非是等量齐观的，从“弟子入则孝，出则悌，谨而信，泛爱众，而亲仁。行有余力，则以学文”这个关于“仁”的重要定义来看，孔子显然是把“学会做人”即德育放在基础或首要的地位来强调的。关于绅士教育，有人认为，绅士教育的首要目的是培养一个具有美德的人。

第一，要狠抓德育的根本

在德、智、体、美诸育中，德育被放在首要地位加以强调。那么，德育本身有没有基础，要不要基础，至今尚未引起人们的重视。孔子素以道德教育著称于世，他的成功之道正是发现并加强了德育的“基础”，而德育的“基础”，就是他所谓的“务本”。“君子务本，本立而道生”，这里的“本”就是做人的根本，“务本”就是要学会做人，学会做一个有仁爱之心、能“泛爱众”和“博施于民而能济众”的人，即能为人民大众谋福利的人。

第二，要重视方法与途径

孔子的道德教育不仅注意抓根本，即有明确的道德教育目标，而且给出了达到这一目标的具体途径和方法。如上所述，孔子关于道德教育的最高目标是要培养具有最大的仁爱之心、能“泛爱众”和“博施于民而能济

众”的人，也只有这种人才有可能做到“富贵不能淫，贫贱不能移，威武不能屈”，所以这就是具有最理想、最完善人格的人。培养具有这种人格的人的具体措施如下。

①“由近及远，推己及人”是达到这一目标的最好方法。

其具体实施步骤则是孝、悌、忠、信，即先从自己最亲近的人开始培养仁爱之心（这是最容易做到的，也是德育的最起码要求），然后向纵、横两个方向逐步扩展。纵向扩展是指在对父母尽孝的基础上，向上推则要求对长辈、对上级乃至国家领导人都要尊重和敬爱，对国家则要尽“忠”。这就意味着在国家危亡的紧急关头要勇于为国捐躯，而在和平时期则要对自己所承担的、与国家利益有关的事业或是与人民大众利益有关的工作忠于职守，尽心尽责。向下推则要求对子女要“慈”（父慈子孝），对下级也要像对子女一样关怀、爱护、帮助。横向扩展是指在对兄弟友爱（“悌”）的基础上，对朋友要态度真诚、讲求信用。进一步向左右推即由近及远逐步做到孝、悌、忠、信的要求，也就是不同层次的“践仁”。当这几步都已做到后，再进一步要求“将心比心”“推己及人”的道德修养，即关于“己所不欲，勿施于人”和“己欲立而立人，己欲达而达人”的忠恕之道的修养。这样，就不难在上述基础上把仁爱之心进一步扩展到全社会，达到“泛爱众”的要求了。可见，孔子实施道德教育的方法与途径非常清楚、明确，就是“由近及远，推己及人”。

② 提倡“养成教育”，重视对学生行为规范的训练和指导。

“养成教育”作为一种德育方法，研究的是在人的品德形成过程中，道德行为习惯的养成对品德结构整体发展的意义。它使受教育者在日常生活实践中履行道德规范，反复锻炼，从而养成一定的道德行为和道德习惯。它引导学生在日常生活中遵守各种行为规范，以检查、评价等来丰富他们的道德生活实践，使他们在有了一定的道德感性经验后，将其上升为对道德的理性认识。

③ 重视心理教育，注意对学生健康心理因素的培养。

德育，从广义上来说，除了包含道德方面的教育外，还包括政治、思想、心理等方面的教育。学生心理实质上是非智力因素，是学校德育的重要内容和重要方法。它的主旨和目的是培养学生健康的心理品质、良好的道德情操，从其达到的直接结果看，它是道德教育的内容，而从这种结果对学校道德教育的影响和制约作用看，它又是道德教育的方法。对于教育者来说，加强对学生心理问题的分析与指导，有利于提高学校德育的科学性和有效性；对于受教育者来说，接受心理健康的培养和锻炼，有利于他们的社会化进程，有利于他们在道德上的成长和进步。

通过比较可知，国外一些学校十分重视心理教育，而在我国的学校，心理教育并未引起足够的重视，而一些学生情商不高，不能吃苦，挫折感强，所以，必须重视心理教育。

2. 设置丰富课程，传统与现代结合

以伊顿公学为例，伊顿公学被誉为“精英摇篮”，其倡导的“绅士文化”闻名世界，也素以军事化的严格管理著称，学生成绩大都优异，是公认的英国最好的中学。其课程设置不仅具有基础性、先进性，而且具有多元性、均衡性，传统性和现代性在此得到完美的结合。数百年来，伊顿公学一直注重培养学生的学术水平，而占其教育优先地位的则是绅士教育和宗教教育。学术性教育仅仅局限于培养有高深学问的人才，所学课程主要为神学、拉丁语、希腊语、法语、英语、数学、自然科学、绘画等。“二战”前，自然科学所占的课时比重非常小，这直接导致“二战”后伊顿公学在普通教育证书高级水平考试中缺乏与文法中学的竞争力。20 世纪 50 年代，牛津大学、剑桥大学开始更加重视考生的学业水平，把普通教育证书高级水平考试作为重要的入学条件。

20 世纪六七十年代的课程改革改变了伊顿公学的课程重心，拉丁文、希腊文等古典学科失去了原先的显著地位，自然科学、数学和经济学科等科目备受重视，但各科目的学习仍然遵循传统的战前模式，传统与现代相结合。伊顿公学在“二战”以前实施的皆为古典教育，其主要课程拉丁语和希腊语的确令大多数学生感到乏味和难以忍受，但正是这种“乏味”课程的教学在培养学生的绅士品格方面发挥了巨大作用，下面就对伊顿公学战前教学组织和课程设置的具体情况进行分析。

伊顿公学“二战”以前古典学科各年级课表分析结果

分区	周课时数	神学	拉丁语	希腊语	法语	英语	数学	自然科学	绘画	自习课
A	22	1	15		–	2		–	–	4
B	24	1	6	5	4	4	4	–	–	–
C	25	1	7	5	4	4	4	–	–	–
D	25	1	7	6	3	2	3	3	–	–
E	25	1	11或12		4	3或2	4	2	–	–
F	25	1	7	4.5	3	3.5	5	–	1	–

资料来源：H.F.W.Deane and W.A.B. Ewans. The Public School Year Book 1916, London: The Year Book Press, 1916, p115.

上表是各年级古典学科的课表分析结果，从中可以看出它们所占的比例较大。自习时间是附加的，在A和B两个区，古典学科专业以外的学生投入到每一科目中的附加时间取决于修读的课程，区别很大。学生的附加时间一般投入到古典学科、数学、现代语言或者自然科学中。如今的伊顿公学在保留古典学科的同时加强了对现代课程的教学。其课程设置与许多别的公学相似，第一年为基础教学阶段，都要学习英语、法语、数学、生物、化学、物理、历史、地理、拉丁语与古典教育、宗教、艺术、音乐、设计技术、信息技术和体育。其中英语和数学为核心课程，自然科学和语言是其重要组成部分。第二年的课程设置与第一年的大同小异。第三年的课程压缩为8门选修课。第三年结束时，所有学生均须修完英语、英国文学、法语、数学、宗教和自然科学等学科。进入第六学期以后，学生可以从至少22门科目中选修自己所学的科目。为了避免过分专业化，学生必须选择有“普通教育证书”的高级水平课程和高级补充水平课程，学习的特点是强调专门化和高而深。

3. 组织形式多样的教学，创设先进教学条件

伊顿公学为了更好地为社会培养精英，进行绅士教育，在教学组织形式、教学方法、教学条件等多方面进行了革新。每周安排37个必修课时的教学时间，并且实行分组教学。在通识教育阶段，一般每个小组约有20名能力相近的学生；在专业教育阶段，每个小组有10到12名能力相近的学生。每年定期组织一次校外学习活动，分组开展。校外学习活动小组负责教师事先布置校外学习内容，以使学生自主、有效地安排自己的课余时间；学生需要定期向舍监和导师汇报其学业进展情况。通识教育小组负责教师要求学生每隔几个星期就要呈交载有例行任务的卡片，专业教育小组的负责教师则令其学生在每半学年做一次期中报考。伊顿公学分为6个教学区，为了方便教学，又根据学生的具体情况将6个教学区分为31个班组。每个班组的人数从20到39名不等。学校为学生提供良好的教学设施，尤其是在科学、语言、计算和设计方面。学校有两个综合图书馆，还有很多学科图书馆。设有学习中心，为在诵读和运动方面有特殊困难的学生提供帮助。伊顿公学还通过校园网络，将所有教室连成一体，将所有单位、学生寝室和书房都与校园网络连接起来。除此之外，学校还有可以容纳400人的音乐剧院和种类齐全的体育设施。多样的教学组织形式为培养社会精英提供了充分的条件。

4. 进行全面和谐教育，培养学生综合素质

绅士教育和君子教育都注重培养学生的个性、注重因材施教，而实施全面的和谐教育则要求教育者立足于学生现实的发展水平，找准学生的最近发展区，并结合不同层次学生的发展需求，整体设计和安排学校各种教育要素的结构与各种教育教学活动，使学校的“教”处于和谐状态。持续不断地追求教育与学生发展的和谐性,是和谐教育的本质特征。在伊顿公学，课外活动是学校正式规定的，目的在于培养具有完满人格和良好素质的学生，培养学生的公平竞争意识、集体合作意识和坚韧顽强的精神。这些品质是作为绅士必备的。其中，体育运动是英国公学中最为重要的课外活动。因为公学奉行的是培养绅士的教育目标，自然会重视骑士精神，并将之视为绅士品格中的重要组成部分，故而体现着骑士精神的体育运动在公学中备受重视。

公学的体育运动种类齐全，蔚然成风。伊顿公学的体育运动都有具体的时间安排。冬季有橄榄球、足球等比赛，夏季有板球、划船等比赛，每周占用3至4个下午。在夏季，参加板球比赛的学生几乎每天要花费5到6个小时在训练上。而对校队来说，时而还要参加在校外进行的为期两天的赛事。学校对体育极为重视，每周还会抽出一个下午进行级别较低的体育比赛，包括高尔夫球、软式墙网球或游泳等个人项目比赛，或者篮球、曲棍球、水球等团体项目比赛。这样的体育项目比赛大多数是以学校和宿舍为单位组织的。比赛项目的种类如此之多，以至于一位优秀运动员会发现自己几乎每天都在为自己的宿舍参加这样或那样的体育比赛。由于每个宿舍的人手都不足，这使得那些不特别喜欢或不擅长体育的学生也不得不参与到体育赛事中来。

近年来，由于追求学术质量的倾向，公学学生把更多的精力投注于提高自己的学业成绩上，致使体育运动热较之以往有所降温，但体育运动仍然是学生的主要课外活动。

5. 提高教师素养，推进教师教育改革

从前面对绅士教育的研究中，我们可以看到，教师在绅士教育的过程中扮演着重要的角色。对学生进行绅士教育，首先要求教师具备绅士的所有特点，在德、艺、礼等方面有所特长。洛克从他的哲学立场出发，承认外部世界的客观存在，反对天赋观念，提出“白板说”，重视教育的作用，强调道德的地位，认为教师的榜样作用非常重要，提倡在教育中要尊重学生，注重学生的个性发展，他的观点对今天的师德修养仍有一定的借鉴意义。

首先，必须在接受和分析新观念、新事物上做出表率，要充分认识到提高教师的综合素养首要的是更新教育思想和教育观念。教师更新教育思想和教育观念是实施素质教育的先导，也是实施素质教育的灵魂和核心。教师教育思想滞后、教育观念陈旧，是当前制约素质教育全面推进的一大思想障碍。只有教师的教育思想、教育观念转变了，教学目标才能由单纯的传播知识转变到在传播知识的基础上注重培养学生能力、提高学生素质上来。教育部对教师的教育思想和教育观念提出了具体的“三个转变”，即要把唯社会价值或唯主体价值的观念转变为在满足社会需求的前提下，充分尊重人的主体价值，使社会价值与主体价值协调平衡的价值观；要把传统的知识价值观转变为含知识、能力等智力因素与非智力因素全面发展的素质教育观；要把急功近利的教育发展观转变为可持续发展的教育发展观。

其次，提高教师素养重在提高教师的思想道德素质和文化素质。思想道德素质是根本、是灵魂，文化素质是基础。提高教师的思想道德素质，重中之重是提高教师的职业道德水平，因为教师素质重在师德建设。强调教师的思想道德素质并不是轻视或忽略其专业素质，而是重视如何将知识、能力、人文素质融为一体，培养出基础扎实、知识面宽、业务强、素质高、发展潜力大的一线教师。

此外，提高教师素养还要培养教师科学的创新精神。教师是引导学生进入科学殿堂和激励学生攀登科学高峰的领路人。崇尚科学，弘扬科学精神，进行科学创新，是教师的主要职责。科学最基本的要求是求真务实，开拓创新。教师的科学精神体现在教学科研的方方面面：在教学中敢于提出疑问，提出自己的新见解，并不断地探索真理；将自己的科研成果自然地融入授课内容之中，既要灌输知识，更要教授方法，既要学习先贤，又要突破陈规。

五、基于学校文化的现代君子培育

1. 独特的培育条件

（1）办学业绩。

从化中学创建于1926年秋，前身是明代从化学宫，是从化基础教育的“窗口”学校和重点中学，是广东省一级学校。发展至今，从化中学已成为广东省国家级示范性高中、广东省普通高中教学水平优秀学校。目前校园面积12万多平方米，建筑面积8万多平方米。现有学生4000人，教职工282人，其中中学高级教师131人，中学特级教师2人，广州市名校长1人，广州市名教师2人。学校先后获广东省绿色学校、广东省安全文明校园、广州市先进集体多项荣誉称号。学校高考成绩突出，每年上重点分数线的学生比例约占25%，上本科线的学生比例约占70%，基本达到100%的学生都能上大学，为高校输送了大批优秀学生；多名学生考上北京大学、清华大学、复旦大学、上海交通大学等著名学府。连续14年荣获广州市普通高中毕业班工作一等奖，多年荣获初中毕业班工作一等奖。

（2）校内资源。

校内的从化学宫先师殿庄重典雅、底蕴深厚，是广州市重点文物保护单位，两棵有着400多年历史的古榕树苍劲挺拔、生机盎然，还有民俗博物馆中历史厚重的文物，这一切使得校园具有浓郁的传统文化特色。500多年来，学校随着历史风云的变幻几经动荡、几经变迁，积淀了丰厚的精神文化。学校的发展历经磨砺，在历史上的每一个时期都做出了不凡的业绩，并在儒家文化的影响下，逐渐形成了“笃厚务实、奋发有为”的从化中学人的精神。这是从化中学五百多年文化的浓缩，也是支撑学校不断发展的重要原动力。悠久的办学传统、厚重的人文底蕴和优美的自然环境，这是从化区、广州市，甚至国内的多数学校所无法比拟的。

（3）外部条件。

从化区岭南文化传统特色鲜明，历史文化遗迹丰富，遍地的古村落、古祠堂，还有不少充满文化气息的古代书院仍保存完好。广裕祠、从化学宫、木棉古村、凤院古村、江埔古村、钟楼古村、钱岗古村等仍保留着独特的明清时代建筑特色。另外，广州市仍保留着一些民俗习惯、民俗风情、淳朴民风等。这些都为我校开展优秀传统文化教育提供了良好的外部条件。

2. 明确的目标定位

《国家中长期教育改革和发展规划纲要（2010—2020年）》（以下简称《纲要》）提出“把育人为本作为教育工作的根本要求”，明确指出中小学教育的根本任务是育人，我们要重点思考的是“培养什么人”“怎么培养人”。培养全面发展的人，为学生的幸福人生奠基，这是基础教育的目标，也是我们的价值追求。为此，我们一直探索新形势下更切合我校实际的有效途径，以更好地实现我们的目标和追求，力求办出特色。从化区的地方文化和从化中学500多年的历史积淀，使我们看到了自身所具有的先天优势。在现代教育发展的基础上，挖掘和利用历史文化资源无疑会促进学校进一步的发展。所以，我们确立了“传承孔子文化，培育现代君子”这一特色项目。

学校至今还保存完整的明代从化学宫是纪念孔子的圣地，是从化区的“儒学之源”“儒教之根”。孔子的教育思想博大精深，经过两千多年的发展，不断丰富、影响深远，是中华文化和具有中国特色教育思想的最有代表性的重要组成部分。孔子教育思想中“有教无类”的价值追求、“仁者爱人”的教育情怀、“文质彬彬”的人格理想、“因材施教”的教学原则、“学思结合、知行统一”的教学方法、“诲人不倦”的教师风范都蕴藏着无限的教育智慧，是我们基础教育改革亟待开发的教育宝藏，在当今依然具有先进性，对当今教育仍有深远的影响。传承孔子文化及其教育思想是我们复兴中华民族文化、突出自身办学特色、增强自身办学活力的迫切需要，意义深刻、影响深远。教育必须不断创新，创新才会有发展，创新必须学习先进的东西，但要让创新有生命力，就必须回到教育的本原、教育的根基。现在世界各国在争办孔子学院就是例证。此外，当前学校发展的方向应该是特色化，特色学校将具有无限的发展前景，而学校特色建设要有文化的支撑，要与学校文化建设相伴而行，学校文化的核心应该在对教育理想的追求上，也就是学校对教育终极目标的哲学思考。

一位诺贝尔奖获得者指出：“人类要在二十一世纪生存下去，就必须从二千五百年前的孔夫子那里汲取智慧。”那么，我国的教育发展，应该从孔子那里汲取什么力量呢？经过长期的办学实践与思考，我们确立了注重传承优秀的办学传统与开创现代教育相结合的，“以人为本，和谐发展”的办学理念，形成了“依本、质疑、合作、共进”的教学理念，并以“打历史品牌，建现代名校”为办学目标，提出了“传承孔子文化，培育现代君子”的特色校园建设理念，努力“办一所体现孔子教育思想的学校”，这最能反映出我校的实际和时代的要求。

3. 取得的初步成效

一是围绕体现学校特色的教育教学改革和校园建设已见雏形。2005 年 8 月，从化中学新的领导班子组建以后，在过去工作的基础上，站在新的起点上进行了一系列的教育教学改革和校园建设。我们研究制订《从化中学三年改革发展规划》，明确以打造具有鲜明儒家文化和现代精神相结合的办学特色的品牌学校为发展目标，规划学校发展蓝图；积极进行课程改革和教学改革，推行发展性目标教学，丰富学生的社会实践活动；借助广州市创建教育强市的东风改善办学条件，扩大校园，完成校园图书馆、运动场、体育馆、宿舍楼等几大项目建设；协调家庭、社会各方力量支持学校发展等。系列的改革措施和校园建设收到了良好的办学效益：2008 年，学校高分通过广东省国家级示范性普通高中、广东省高中教学水平优秀学校检查评估，先后荣获广东省安全文明校园、广东省绿色校园、广东省电化教育先进学校等称号，连续 14 年获得广州市普通高中毕业班工作一等奖，连续多年荣获从化市初中毕业班工作一等奖，高质量完成了第一轮的学校规划目标。

二是校园文化建设深受省、市评估组专家认可。来学校检查、评估、参观及交流的专家、同行一致认为，学校“重视校园文化建设，通过校园文化彰显了学校人文精神，提升了学校品位，丰富了学校品牌内涵；学生社团、电视台搞得有声有色，东西方文化长廊品位较高；成绩突出，特色明显，富有生命力和可持续发展性”。吴颖民教授到我校参观时，为我们做了“厚积薄发，推陈出新”的题词，高度赞赏我校的校园文化建设。《神州民俗》(2011 年 4 月下半月刊) 杂志以“这里，享受着传统文化的熏陶”为主题，全面展示了我校的校园文化建设情况。

三是仁义助学基金的设立。学校八十周年庆典活动的主题词是“滴水之恩，涌泉相报”。在校友会第四届理事会上，校友们倡议建立仁义助学基金，筹集一笔专款用于资助贫困学生，旨在帮助上学有困难的学生，同时也要求接受资助的学生在进入社会、条件成熟后再资助需要资助的学生。助学基金既能尽仁爱之心帮助别人，又可以让学生受到仁爱思想、感恩思想的教育。仁义助学基金专款专用，不仅能造福学生，还能传承和培育仁爱之心。

四是文化硬件建设进一步充实。学宫广场、榕园、树门、翠廊、校友亭、知书亭、观川亭、杏坛讲学厅、明伦堂、民俗博物馆等文化硬件特色鲜明。如民俗博物馆里面再现了明清时期的从化县衙办公场面，还摆放了四处收集来的布满岁月痕迹的岭南农家的农具、生活用品；墙上刷的“文革”时期的标语依然清晰可见；馆内新布置的楹联很有教育意义，都反映了儒家文化中的仁爱、和谐等思想，如“吃百姓之饭穿百姓之衣莫道百姓可欺自己也是百姓，得一官不荣失一官不辱勿说一官无用地方全靠一官”“先祖先贤成由勤俭败由奢岂敢相忘，后世后学幼当教养老当敬首在言行”“读书即未成名毕竟人高品雅，修德不期获报自然梦稳心安”等，文化意蕴深厚。

五是辐射作用初显。学校的校园文化建设，在广州地区乃至本省都得到肯定并产生了一定影响。2010 年 6 月，美国中小学校长及专家学者一行 26 人，由华南师范大学基础教育培训与研究院的教授及翻译陪同，参加在从化中学举行的研讨活动。代表团的校长、专家和学者就“校园文化氛围的构建”这个主题，和学校的师生代表进行了广泛的交流和探讨，对我校的文化建设非常感兴趣。在从化中学的欢迎墙上刻着《论语》里著名的“学而时习之，不亦说乎？有朋自远方来，不亦乐乎？人不知而不愠，不亦君子乎？”一段话（中英文）。美国一位校长也认为孔子的这句话很好。我到美国访问时，这位美国校长曾把孔子的这句话投影出来欢迎我们。她说，这句话非常好！

4. 采取的主要措施

（1）更新理念，提高认识，进一步学习先进的教育教学理念，继承优秀传统文化，让全校师生统一思想，传承“仁爱”思想，铸就学校灵魂。孔子曰“仁者爱人”。“仁”是儒家思想的核心，是中国伦理的根本价值标准，是调节人际关系的基本规范。“仁爱”思想养育了中国人的民族性格，构成了中华民族的基本民族精神。深入理解和探究“仁爱”思想并将其发扬光大，是时代的呼唤，更是教育的使命，所以学校将“仁爱”思想确立为校魂，努力打造爱心校园，让校园到处充满爱。

（2）充分利用和挖掘校内外课程资源，在原来开发、开设的《中华古典名言名句集锦》《从化地理》等一系列具有地方和学校文化特色的校本课程的基础上，将研究性学习与学科课程整合，开设了一系列内容丰富、颇有特色的研究性学习课程，如我们组织教师开发设计的校本课程“儒学文化选粹”。结合学校孔圣殿、明伦堂文化的开发，我们将校本教材《儒学文化选粹》设计为三卷，“故事卷”“诗文卷”和“校园卷”。在课程设计中，我们引导学生了解孔子及其他历史文化名人，不断涵养学生的人文素养，加深学生对历史、文化、环境的认识和理解，为他们成为社会主义合格公民奠定基础，进而塑造民族精神、培养爱国情怀。此外，学校在推进校本课程实施的过程中并不仅仅局限于教材、课堂，还在校园走廊的墙壁上镌刻了《论语》中的经典语句、名人名言等，使得整个校园就是一本活教材、一个大课堂，让学生在儒雅的氛围中受到潜移默化的影响。

（3）开展体验教育，培育现代君子。《纲要》提出“把育人为本作为教育工作的根本要求”，明确指出中小学教育的根本任务是育人，重点思考“培养什么人”“怎么培养人”的问题。新时期，在社会转型的多元文化背景下，面对复杂的教育形势，为凸显育人特色，增进育人实效，学校提出并开展了“做现代君子”活动。

“做现代君子”活动对全面塑造学生的完善人格、拓宽青少年的价值视野、丰富育人内容有重要意义。我国素有“礼仪之邦”“君子之国”的美誉，传承优秀传统美德责任重大，我们的教育如果没有传统精神和中国气派，就培养不出真正的“中国人”，我们的教育也就没有中国特色。中国的强大与崛起，除需要经济、军事、政治方面的强大外，还需要文化的强大，特别是要在文明礼仪、君子之行上独树一帜，做出榜样，如此才能让世界人民敬仰。现代君子不但应该具有传统君子的知礼节、重修身的人格优点，而且应该具有现代社会公民所必须具有的全部特征，如能坚持民主原则、具有强烈的法制意识、具有进取精神和创新精神、具有全面的价值理念，做到谦虚谨慎、宽容大度、刚柔并济，他们不仅关爱人类，还敬畏大自然，具有博爱精神等。

学校遵循学生的心理特征和认知规律，坚持“育人至谐”的宗旨，形成了“以体验活动为载体，促进学生和谐发展”的体验式教育的育人特色。在“三好学生”评选活动的基础上，进一步开展“十佳三好标兵”评选活动，让参选学生在学生电视台上进行演讲，学校在宣传栏中张贴他们的优秀事迹，并进行表彰奖励。推出陈志明等优秀校友作为全校学生学习的榜样，号召全校学生学习他们立志成才、刻苦用功的优秀品格。组织学生开展社会调查活动、参加社区活动，培养其社会责任感和奉献精神；组织学生参加大型公益活动的筹备、接待工作，让他们在活动中学会与人交往、协作，锻炼组织能力；组织开展一系列班团活动，如召开班（队）会，让学生撰写心得体会；充分利用班级文化阵地，开展“现代君子”班级主题文化活动；开展行为习惯养成教育活动，礼仪教育、体验教育活动，校园志愿者活动；开办学生电视台，成立心理辅导室，组建文学社、合唱团、篮球队、田径队、羽毛球队等社团，为学生提供充分发展的机会，大大拓宽学生发展的空间。

（4）建立富有儒学特色的美术展示工作室、音乐欣赏工作室、历史博览工作室、政治明伦工作室等，创设有利于教师教学和学生求知的良好环境，以工作室的建设促进学生活动课程的开展，实践孔子教育思想。

（5）进一步完善校园文化硬件建设。学校领导在广泛征求校友意见的基础上，已在学宫广场恢复建设棂星门和太和元气门石牌坊、泮水池、状元桥等，并规划建设孔园，让孔子的主要言论、道德要求等都得以充分展现，使原有的文化底蕴更加发扬光大。

“传承孔子文化，培育现代君子”“办一所体现孔子教育思想的学校”已成为我们“从中人”共同的梦想和追求。已经成为广东省国家级示范性普通高中的从化中学，正继续汲取中华君子文化和英国绅士文化的精华，传承优良的传统，为祖国培育更多优秀的人才而努力。我们坚信，只要多向先进学校学习，自觉接受先进思想理念，把思想变成行动，我们的目标就一定会实现。我们也坚信，孔子文化精髓将会在我校教育改革实践中绽放出绚丽多彩的光芒。

第四章　求仁路上的行动策略

何谓君子品性？榕园里两棵400余年的大榕树沐浴的温暖阳光象征着君子的品性，给人以温暖。

学校榕园四周的建筑物都不高，前方是杏坛教学厅和图书馆，后方是圣贤教学楼，右侧是体育馆。整个白天，阳光都能普照榕园。两棵大榕树，历经数百年风雨，依然生机勃勃，给人无限的希望。

“用一样的仁爱阳光滋养不一样的生命”，这是从化中学执着追求的办学思想。在“仁爱”阳光下，我们不仅关心学校发展的第一资源——教师的发展需求和当下的教育教学需要，更关心学校的主要服务对象——学生的人生定向、未来发展需求和当下的学习生活需要。那么，建设厚德明理、仁爱向善、相容共长、创新发展的榕园“仁爱”文化有哪些策略呢？学校主要采取了以下五种策略：一是教育目标的综合化，二是教育过程的民主化，三是教育途径的多样化，四是教育技术的信息化，五是教育机制的公平化。这就要求我们要发扬榕树相容共长的精神，在融合中求创新，在创新中求发展。

榕园“仁爱”文化是高层次的学校文化，具有独特的育人功能和高品位的导向作用。在“仁爱”文化的熏陶下，我们积极构建“求仁”教育体系，努力提高“培育现代君子”校本特色课程的领导力和执行力，找准校本课程开发的切入点。

基于时代发展的迫切需要，国家从战略的高度提出了社会主义核心价值观，从国家、社会、个人三个层面普及和统一最具先进性的价值观念，以构建一种崭新的社会价值体系，引导和规范全社会的精神生活。可以说，社会主义核心价值观的提出，既是时代的需要，也是全民的、政治的需要，对国家主流价值观的形成和全国人民思想的凝聚有着巨大的作用。因此，社会主义核心价值观的推广、普及就显得异常重要。而要完成这项伟大而艰巨的任务，最大的阵地是学校，最大的载体是学生。因此，我们结合学校实际，提出了从儒家传统思想出发，顺应时代发展需要，重新构建学校校园文化的想法，期望通过长期、反复的教育实践，将符合学校教育教学实际的“仁”文化渗透到校园的每一个角落，浸润每位师生的心田，并让这种校园文化长期地推动学校教育教学的发展。

一、“求仁”教育的切入点

学校教育是实施终身教育的起点，怎样的学校教育决定着一个人拥有怎样的终身教育，决定着一个人的人生发展指向。从化中学以“传承孔子文化，培育现代君子”为办学特色，以培育“现代君子”为己任，全面推进并实施“求仁”教育，为学生的终身发展奠基。

何谓“求仁”教育？“仁”是孔子文化的核心，孔子依据“仁”的境界，把人分为五个层次，即圣人、贤人、君子、士人、庸人。而“君子”是走在“求仁”路上的人，他需要通过学习、修身、践行等途径不断地完善自身的知识、情感、意志、行为，才能达到自觉、自主、自发的最高的“仁”的境界。如今，我们追求的现代学校教育的终极价值是既要传承“厚德载物”“自强不息”等优秀传统文化，汲取中华民族优秀传统文化中的精髓，丰富学校教育发展的文化内涵，又要具有积极进取、开拓创新的现代精神特质，不断追求社会主义核心价值观的“仁”，从而培养具有现代精神的“求仁”的人——现代君子。

学校以建设“培育现代君子”特色课程为中心任务，以广州市创新学术团队为主体，推进“求仁”教育课程建设，寻求开发校本特色课程的路径。

1. 传承学宫儒学文脉，弘扬优秀传统文化

学校修复了具有500多年历史的学宫建筑群，其中有明伦堂、先师殿、学宫广场、棂星门等，延续了从化中学的办学历史，连接了500多年的民族文化的文脉。建于明代的先师殿，其悠久的历史和深厚的文化底蕴，是学校积极进取的文化根基，是熏陶、教育学生的生动教材。明伦堂，寓意“明白伦理，崇礼修行”，学校借此对学生进行“知理行礼”的行为规范教育。古风浓郁的学宫广场是学校许多大型活动的举办场所，对学生有着潜移默化的教育影响。还有“仰之弥高”的敬师亭、“厚德载物”的君子亭、“天人合一”的合一亭以及观川亭、校友亭、翠廊等，无不是优秀传统文化的物质载体。

2. 徜徉人类历史长河，感受文明绵长深远

“朗朗乾与坤，上下五千年。”文化长廊中长达80米的大型浮雕与先师殿相连，漫步其间，犹如沿着历史长河，透过风雨云烟，去感悟和体验异彩纷呈、华章迭起的5000年中华文明。位于初中部的西方文化长廊，展现了世界科学文化、社会发展的重大历史事件与人物，栩栩如生，催人奋进。

3. 沐浴民间文化、乡土文化，体悟清风拂面

从化中学校园曾是明清时期当地的县衙所在地，民俗博物馆内收集了民间的床、桌、椅等生活用具，以及犁、耙、水车等生产工具，最难得的是恢复了古县衙的原貌，楹柱上有“莫寻仇莫负气莫听教唆到此地费心费力费钱就胜人终累己，要酌理要揆情要度时世做这官不勤不清不慎易造孽难欺天”“吃百姓之饭穿百姓之衣莫道百姓可欺自己也是百姓，得一官不荣失一官不辱勿说一官无用地方全靠一官”“先祖先贤成由勤俭败由奢岂敢相忘，后世后学幼当教养老当敬首在言行”“读书即未成名毕竟人高品雅，修德不期获报自然梦稳心安”“世事让三分天宽地阔，心田留一点子耘孙耕”等为官要为民的楹联。学校在此基础上，整理明清以来从化清廉官吏的事迹和材料，开发《清风犹存》校本教材。

4. 积淀校友文化，激励后辈学子健康成长

从化中学校园内随处可见历届校友留下的踪迹，他们现在虽在不同的工作岗位，但都心系母校，绿树下的一张石桌、一把石椅、一座亭子，都给后辈学子创造了更好的学习环境。1982 届校友徐灼佳、邓水容伉俪捐资 210 万元，成立了广东省从化中学教育基金会，潘伟明、潘俊钢兄弟等校友鼎力支持，基金会已筹集资金 400 多万元，为学校发展注入了新的动力。从化中学积极积淀校友文化，建设校友名人风采园，记录他们是哪一届学子，现在何处，从事什么职业，取得了什么成就或业绩，对后辈学子有怎样的嘱托等，在精神上起到传帮带的整合效应，激励后辈学子健康成长。

二、提高“培育现代君子”校本课程的领导力

围绕“求仁”教育这一中心主题，从化中学十分重视校本课程的顶层设计，为增强其领导力，开发了“培育现代君子”校本课程。这一课程在以“仁”文化为宗旨建设的“文化榕园”“优雅榕园”“智慧榕园”“诗意榕园”“体健榕园”“廉洁榕园”六大校本课程的基础上，以“博学”“修身”“实践”为主题，全面深化九大类校本课程的研究开发，不断追寻终身教育、终身学习的学校教育终极目标——“求仁”境界。如下页图：

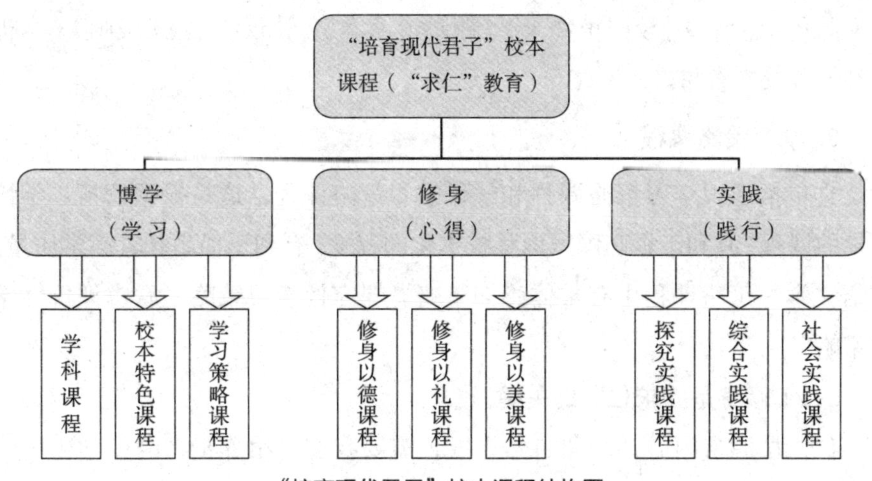

"培育现代君子"校本课程结构图

"培育现代君子"校本课程即"求仁"教育课程体系，其宗旨是完善学生个体的"求仁"途径：博学、修身、实践。博学（学习）是获取知识；修身（心得）是培养品德；实践（践行）是在生活实践中体验感悟。三个途径，只有一个目的，就是达到"仁"的境界。

（一）博学是"求仁"的前提

博学，广泛学习知识，也是"求仁"悟道的过程。为此，我校开发了三种课程，即学科课程、校本特色课程和学习策略课程。

1. 学科课程

学科课程是国家课程的校本化，我们依据学科课程的教学价值、教学使命和学校特有的教学特点对学科课程进行教学定位，然后制订学科课程教学中长期规划及具有阶段性实施目标的教学方案，以完善学生的能力结构为导向，调整教与学的关系，开发培养学生学习能力的课型，促进多种学习方式并存的课堂教学的发展。

2. 校本特色课程

学校以学宫、古榕树为特色课程开发基点，既重视学校环境文化中隐含的育人功能，又着手对学校教育资源进行挖掘，形成独有的校本课程，并编写相关校本教材。如《身边的孔子》《哲学智慧与人生》《星空巡礼》《学宫文脉传承读本》《校园植物录》《跆拳道读本》《礼仪读本》《版画》《木棉花红》等校本教材。

3. 学习策略课程

它包括通识学习策略课程和学科学习策略课程，这是根据校情、学情开发的课程，有利于提高国家课程校本化的程度，有利于提高教育教学质量。如语文学习策略课程中有整体感知策略、探究性学习策略、欣赏评价性学习策略等。

（二）修身是“求仁”的关键

仁，虽源自内心，却非自然天成，需要我们培植养护，激励学生内修“勤、俭、谦”，外修“孝、悌、信”，这就是修身之义。

1. 修身以德课程

“德之不修，学之不讲，闻义不能徙，不善不能改，是吾忧也。”孔子的担忧从反面道出了“修身以德”的内涵。基于此，学校构建了关于崇德、修慝、辨惑等微课程，如“见贤思齐”（崇德）、“检讨反思”（修慝）、“是非之心”（辨惑）等。

2. 修身以礼课程

“君子博学于文，约之以礼。”修身以礼课程包括礼仪、日常行为规范等微课程，如开学典礼、祭孔仪式、升旗仪式、接人待物礼节、学校或班级日常行为规范等。

3. 修身以美课程

美育是贯彻学校教育的一条主线，学生不仅要有是非之心，而且要有识美辨恶的能力，要具有美的思想、美的情感、美的语言、美的形体。提高学生的审美能力，是当务之责。该课程包括音乐、美术、武术、跆拳道、经典诗文诵读、戏曲欣赏等微课程。

（三）实践是“求仁”的基石

孔子说：“志于道，据于德，依于仁，游于艺。”人的一生，无论是生活还是学习，都可以是“求仁”的过程。

1. 探究实践课程

此课程分学科探究性实践学习和活动项目探究性实践学习等微课程群。

2. 综合实践课程

如语文综合实践、数学综合实践、科技综合实践等微课程群。

3. 社会实践课程

如志愿者协会中心、调查访问、微课题研究等微课程群。

三、深化“求仁”教育的执行力

从化中学校本特色文化建设的“顶层设计”，关注的是教师层面的“底层创新”——校本课程的开发和实施，提高教师的课程执行力。

学校建设“仁”文化的主要载体是《论语》，它汇集了孔子思想的精髓，是儒家文化经典。自古以来，我们就把“仁爱”思想奉为“修身，齐家，治国，平天下”的圭臬，北宋政治家赵普曾有“半部《论语》治天下”之说。国学大师南怀瑾曾形象地把儒家的孔孟思想比作“粮食店”。可以说，孔子在《论语》中提到的思想，很多都是中华民族乃至全人类的“精神食粮”，《论语》甚至被国人誉为中国的“圣经”。如今，社会上掀起了国学热，高中也开设了“《论语》选读”课程。这是因为《论语》中的因材施教思想和以德育为中心的思想与现代教育理念相吻合，对校园文化建设有极大的指导意义；研习《论语》能够提升学生的道德水平，提高学生的学习能力和与人相处的能力；研习《论语》能够使学生尊敬师长、孝敬父母，能够促进家庭教育和学校教育的融合；研习《论语》能够增强学生的社会责任感，有利于将校园文化与学生的社会实践相结合；研习《论语》能够厚实学生的文化底蕴，积淀校园文化的底蕴。但是，在实践中，我们面临的是《论语》难读、难学的尴尬境地，师生对孔子“仁爱”思想的理解与传承需要依靠先贤的注释、阐述。因此，要想建设“仁爱”文化，让师生理解孔子的“仁爱”内涵，传承其经义，就要集学校之力，借助高校优质资源，研发“培育现代君子”校本课程。

1. 明确研发“身边的孔子”校本特色课程的目标和实施步骤

通过校本特色课程的学习，一方面，学校人人能背诵《论语》，人人知晓“仁爱”的内涵及实施途径，让“仁爱”成为每个人的“修身”之本；另一方面，学生既能夯实文言阅读之基，涵养国学基本素质，又能用国际通用语言——英语翻译《论语》，培养全球视野。这样我们对外输出的不仅是汉语言，而且包含中华民族的哲学思想、生活方式，让世界人民共享中国文化强国之梦。实施步骤：高一年级开设“背读《论语》”“演读《论语》”两门校本特色课程，要求学校人人能知晓、背诵；高二年级开设“研读《论语》”校本特色课程，探究《论语》中“仁爱”思想的现实价值，使其对学生今后的生活、人生、生命产生正面影响。

2. 精心设计“身边的孔子”选读体系，完善教材编写工作

有人认为，《论语》是孔子的弟子在不同时期整理的“课堂笔记”合集，《论语》共20篇，有篇目次序散乱、编排没有章法、篇章中语句随意置放之嫌，难学难懂。如果照搬《论语》体系选读，肯定达不到选学应有的效果。因此，在编写《背读〈论语〉》《演读〈论语〉》这两本教材时，我们采用了钱宁先生的《新论语》体系。《新论语》具有“不加一字，不减一字，编而不作，《论语》一新”的特点，从内编和外编两方面重构了《论语》。内编皆孔子之语，以“仁”为核心，分为核心篇、路径篇、实践篇、例证篇和哲思篇；外编皆弟子之言，分为评价篇、记忆篇和阐释篇。论点鲜明，层次分明，借助注释，易于读懂。我们以孔子之语的内编为核心设计选背材料来编写《背读〈论语〉》教材；以内编和外编中有情节且字数多的篇章为经纬，以课本剧和演讲等活动形式来编写《演读〈论语〉》教材，使学生在活动中熟知《论语》。编写这两本教材，旨在让学生通过背读和演读的形式理解孔子的“仁爱”思想，如“仁”的核心、“仁”的形态以及求“仁”的途径等。而高二《研读〈论语〉》教材，则在高一这两本教材的基础上，带领学生深入阅读，探究孔子“仁爱”思想发展体系，梳理基本国学脉络，了解其对中国乃至人类的影响。

（1）以钱宁的《新论语》的外编——弟子之言为主线，指导学生研读弟子对孔子的衣食住行、音容笑貌以及就孔子的一些主要思想进行阐述和评价的言论语录，并配以《于丹〈论语〉心得》和《于丹〈论语〉感悟》，加深学生对孔子“仁爱”思想的理解。

（2）以《论语》为国学之“源”，梳理并探究汉代“独尊儒术”的儒学，宋朝朱熹的“格物致知”理学，明朝程颢、程颐的儒学贡献，王阳明“致良知”“知行合一”的心学发展，以及近现代冯友兰、金岳霖等教授的学术见地，以讲座的形式指导学生探究作为中国主流文化的经久不衰的国学演变过程，使学生对国学有基本的认知。

（3）以粤教版选修教材《唐诗宋词元散曲选读》《唐宋散文选读》为基点，发掘现有课程中的文化教育因素，帮助学生感受除了儒学之外的道学、法学、佛学等人文精神，理解国学中“精神粮店”和“心灵药店”的关系，使学生从中汲取精神养分，丰富人文情怀。

（4）从研读《论语》的角度出发，寻求民族文化的苏醒和回归，为中华民族的伟大复兴提供不竭的精神动力。如由“‘既富矣，又何加焉？’曰：‘教之。’”可以联想到邓小平的一句话：“物质文明和精神文明两手抓，两手都要硬。”由“礼之用，和为贵”可以联系到胡锦涛的一句话：“我们所要建设的社会主义和谐社会，应该是民主法治、公平正义、诚信友爱、充满活力、安定有序、人与自然和谐相处的社会。”由“厩焚。子退朝，曰：‘伤人乎？’不问马。”可以联想到汶川大地震后温家宝的一句话：“现在，我们就是要想方设法救人！把救人摆在救灾工作的第一位！”广泛建立与现代政治、经济、文化、生活相呼应的联系，展现国学的无穷魅力和现实价值。

3. 以点带面建设“培育现代君子”校本特色课程

我们提前招收有扎实英语基础的学生进行“双语”国学班实验，通过教育使学生明确中国文化的核心价值，形成民族文化认同感和文化自信心，将其培养成既深入领会中国文化内核又具有优秀外语素养的双语人才。这样以点带面，把从化中学建设成具有较高国学修养的现代化特色学校。

我们与具有历史视域的孔子及《论语》进行对话，编写教材并开设“学宫文脉传承”“木棉花红”等校本特色课程，将其与学生的校园生活相整合，彰显了从化中学“仁爱”文化的特色。

从化中学是从化社会发展的窗口，从化中学的教育文化就是从化的精神文化。建设从化中学校园“仁爱”文化圈，关系到从化政治、经济、文化发展的明天。

（1）中国政治、经济、文化发展到今天，是人类文明进步的结晶。我们要有胸怀世界、兼收并用、相容共长的精神，学会与人类文明对话，深度理解人类文明，并与之共成长。

（2）校园文化建设要细化功能区域，突出各自的文化特色。学校可分为学习生活区、文化休闲生活区、体健运动生活区和住宿生活区等，还可以再细分，如学习生活区细分为走廊文化区、学习广场文化区、教室文化区、实验室文化区等。以雕塑、绘画、名人名言等多种方式，为学生营造良好的学习心向，展现各区域的文化特色，营造“仁爱”的校园文化氛围。

（3）“我的家，我做主”，激励学生参与校园文化建设，成为文化建设的主体。让学生根据各个功能区的特点，去搜集、研究、行动，运用智慧，把学校打造成有文化、有思想、有成就的校园“仁爱”文化圈。

下面是从化中学圣贤实验班选修与必修校本微课程。

改变一种不良习惯（必修）；解决班里一个棘手问题（必修）；浏览学校图书馆全部书籍（必修）；精读一本人物传记（必修）；交一位教师朋友（必修）；对话校长、顶尖教师一次（必修）；说一口流利英语（必修）；参加志愿者活动（必修）；参加学校其中一个社团活动（必修）；写一手工整的钢笔字（必修）；选择一个体育项目并坚持锻炼（必修）；持之以恒做一件好事（必修）；会讲一些关于孔子的故事（必修）；选准自主考试的方向（必修）；对一门学科有特殊兴趣（必修）；会运用网络技术研究问题、查询资料（必修）；能做一份学业及生涯规划（必修）；记住父母生日、教师姓名（必修）；说出学校发展历史和学校精神（必修）；会用一种乐器（选修）；会唱一首好歌（选修）；会跳一种舞蹈（选修）；画一幅校园景点素描（选修）；

参加一个项目竞赛并获奖（选修）；在学校或班里做一次演讲（选修）；写一篇校友传记（选修）；写一篇小说或自传（选修）；会做四个小菜、会煲一种老火汤（选修）；到同学家参加一周农忙劳动（选修）；完成一项科研或一个人文小课题（必修）；到省外或国外游学一次（选修）；集体（5 人以上）徒步行走 30 公里一次（选修）；等等。

学校独有的文物建筑、自然环境、特色课程、校友文化等校本建设，使每一个走进从化中学的人都能感到“仁爱”文化扑面而来。走进教学区，能让学生感受到什么是优质教育，什么是“忠恕”之道，从而在校园文化的影响下升华人文素养、养成良好的行为习惯就是幸福；走进生活区，能使学生理解什么是人文关怀，能感受到学校的温馨，懂得与人相处与合作，并在此基础上深化社会责任感，从而不自觉地产生热爱母校、感恩母校之情，让学校文化发挥其“蓬生麻中，不扶自直”的文化育人效应。

第五章　求仁路上的卓越

何谓君子追求？榕园里两棵400余年的大榕树的努力生长象征着君子矢志不渝的追求。

校园里的两棵大榕树，浓荫如盖，就像两个慈祥的老爷爷。它的树干又粗又高，像巨大的手臂，它的根多而数不清，它的枝丫又粗又多。榕树树冠一团团、一片片，像巨龙盘卧在大地上，树叶之间不留一点儿缝隙。这样两棵枝繁叶茂的大榕树长在校园里，使得校园更加美丽、更加生机勃勃，学生们常常在树下走动或读书……

正因为有了自觉、自信、自强的追求，榕树才有了荫蔽后世的功业。在榕树文化的影响下，我们认识到，我们不仅要理解文化、实践文化，更重要的是要对国内外发展形势有所了解。如何把握国内的城镇化进程？迎接第三次工业革命的到来需要怎样的人才？如何贯彻落实《纲要》？在教育教学中我们不断反思“本”是什么，“道”是什么，明确如何建设榕园“仁爱”课程文化。而学校课程文化的重要功能是以文化人，我们要营造“厚德明理、仁爱向善、相容共长、创新发展”的校园文化，面向未来，培养具有中国情结、全球思维的学生，使他们具有卓越的品质、素质、智慧和创新精神与实践能力，成长为具有“仁爱”精神的现代君子。建设榕园“仁爱”文化的主阵地是课堂，我们要务实这个“本”，立足于课程目标、文本价值、评价体系和学生素养发展等因素，对课堂教学进行总体构想，将具体可操作的“顶层设计”理念与学生学习思维的“底层冲动”完美融合。这是“追求卓越”的核心。

一、明确育人方向

新课程改革提出，知识与技能、过程与方法、情感态度与价值观三维目标应是一个整体。知识与技能是课堂教学的基础系统，过程与方法是课堂教学的操作系统，情感态度与价值观是课堂教学的动力系统，在教学设计中将这三个系统有机融合，应该成为教师的一种自觉意识。要想在教育教学中追求卓越，不仅要集中解决课程目标、课程内容、课程评价的实施问题，解决知识构建与能力提升问题，更重的是要解决情感态度与价值观的目标落实问题，明确育人方向，强化动力驱动。

如何落实情感态度与价值观目标？首先要有世界眼光、全球思维，明确未来社会的主流价值取向及需要具有何种品质的优秀人才。孔子说过这样一句话："吾有知乎哉？无知也。有鄙夫问于我，空空如也；我叩其两端而竭焉。"这句话的意思是说："我有知识吗？没有多少知识。有乡野之人向我请教，我一无所知，只是认清事情的两个极端，从而分析穷尽事理罢了。""叩其两端"既是孔子的学习方法，又是"仁爱""忠恕"学说的方法论。对于教学目标，要从两个极端去追寻，从而明确育人方向。基于此，我们认为，优秀人才应该具备以下六种品质。

（1）自主学习品质，即学生能对学习进行很好的规划、调控，在学习上有方向感。

（2）自我表现品质，即学生能积极参与各教学环节。

（3）个体—群体统一品质，即学生能认识到个体与群体在发展上的一致性、统一性。

（4）人际关系品质，即学生能在学习中建立良好的人际关系。

（5）创新品质，即学生能在学习中采用具有创造性的、新颖的方法解决问题。

（6）自信心品质，即学生能在学习中形成自信。

这六大品质的提出，使课堂教学的育人方向得到进一步明确，形成了以优秀人才品质为"纲"，以能力为"目"，以知识为"科"的教学新体系，旨在培养学生能力，使其形成优秀的学习品质，以适应未来人才发展的需要，真正达成三维目标。在学科教学中，教师要注重对教育本质的宏观思考：未来需要的是怎样的人才？我们要培养学生哪些品质？根据教材知识、思维呈现特点，如何指导学生开展学习、获得知识、形成能力，培养优秀品质？如此一来，课堂教学的育人方向不再模糊、迷茫。

二、树立教学意识

学校教育的产品是课程，服务对象是学生，而教师是学校教育产品的生产者和服务者。教师的素质决定着产品的质量和服务品质，它是制约学生成长需求满意程度的关键。教师要想追求卓越的素质，就要树立五种教学意识。

1. 目标意识

每个人心中都会有发展与成长的愿望，目标意识就是为自己的职业发展找准方向。每位教师都应该为自己的发展制订远期目标和近期目标。远期目标可以是成为一名教育家，或是成为学科领域的专家，或是成为深受学生喜爱的名师，可制订并落实分阶段的计划和方案，要切合自己专业成长的实际。同时，学校要为教师的专业发展提供机会，打造平台。

2. 原创意识

我们要求教师备课时要有原创意识，倡导教师先不看任何参考资料，自己独立细读文本，研究文本，形成自己的理解；然后再结合学情，摸清学生的认知落差，研究教法，制订出适合学生的、具有个人特色的教学设计。要求教师不能从网上下载或照搬名师的教案和课件，“轻松出炉”一份教学设计。只有自主完成教学设计，教师上课时才能做到心中有教案，眼中有学生，从而轻松驾驭课堂。

3. 精品意识

精品意识就是要求教师精益求精，打造精品教案、精品课堂。教师在课前要认真准备，研究每一个教学环节，研究学情，研究学法和教法；课堂上要充满激情，全身心投入，使每节课都能激发学生的兴趣，都能充满魅力和魔力，吸引学生，充分调动每一个学生的积极性，启发学生的思维，使学生的素养在课堂上得到有效提升，使学生学有所得。

4. 教研意识

教师只有树立教研意识，才能在不断思考、质疑、研究、反思中使大脑变得更灵敏，正确认识自己所教学科的性质和任务，建立起学科教学的核心理念；才能在研究中获得自信，不迷信教参，不迷信权威，主动细读文本、研究文本，获得独到见解；才能主动研究学情，把握学生的认知落差，研究课堂，研究有效的教学方法，积累丰富的教学智慧；才能找到自己的研究领域，打造自己的教学品牌，产生自己的教学主张，形成自己的教学特色。

5. 学习意识

教师要拥有学习意识，不断学习，如此才能为专业发展提供源源不断的动力，才能具有可持续发展力。教师要博览群书，既要读专业之书、教育教学理论之书，也要读经典名著，涉猎当今社会上各种书刊。同时也要向身边的人学习，向全国名师学习。只有这样，方能汲取有益营养，充实自己、完善自己、发展自己、提升业务水平。

教师是学校发展的第一资源，必须树立这五种意识，才能使学校有跨越式发展。

三、变革教学形态

21世纪以来，以全球化、信息化为特征的新经济，以多元化、民主化为特征的新政治，以生态化、网络化为特征的新文化，都对学校的教育教学提出了更高的要求。社会的不断发展、创新必然要求人具有更强烈的主体精神和自我发展能力。而传统的教学形态注重教师的教、注重学生的“共性”发展，与当今知识更新之快速、人本发展之深入、社会进步之迅速的时代很不适应。追求卓越能力，变革教学形态势在必行。

世界各国一直在对个别化教学进行研究，教育理论中有关“个性”与

“共性”这对似乎解不开的“死结”在多媒体网络技术下找到了解开的契机。多媒体网络技术不仅能直观生动地呈现知识，而且给学生创造了能自由安排的学习环境，使得学生能主动参与、乐于探究、勤于动手，培养了学生收集和处理信息的能力、获取新知识的能力、分析和解决问题的能力、交流和合作的能力。

首先，学生在网上可以自由驰骋，不必受统一教材、统一进度、统一知识获取方式的制约。这就要求我们要积极创设教学情境，引导学生进行体验学习；努力建设与学科学习配套的学习资料包，给学生提供自主学习的时空，让学生走进文本或网络。

其次，学生可以根据自己的兴趣爱好、学习习惯自由调用所需的信息资源。针对这一情况，我们要明确学习目标和任务，指导学生制订学习计划，实施个性化的学习方案，引导学生进行自主学习。

再次，学生根据自己的学习基础与学习进度自定学习步调，主动参与网上讨论，表达自己的看法，提出自己的建议。教师要引领学生深入学习文本，充分体验，给学生提供展示才能的机会；激励学生开展自主学习、探究学习、合作学习，使学生形成独立评论的创新精神和能力。

最后，学生可以根据自己的理解和相关知识去重组或构建新知识，从而体验共享知识和能力带来的快乐，提升学习品质。教师要发挥主导作用，使学生生成新知识、新能力、新智慧。

这种教学形态增强了教学的个性色彩，赋予了学生在学习时空、内容、方式、数量等方面的自主权和调控权，促进了传统教学中心的转移，即由教师主体转向学生主体、由对教的重视转向对学的重视、由对结果的评价转向对过程的评价、由知识的传授转向能力的培养，使教学从注重“共性”发展朝着满足个体发展需求、提高整体素质的注重“个性”发展转变。而从化中学，以整合传统教学精髓（如语文教学中的朗读、吟诵、赏读等）和现代教学中多元、开放的文本学习、网络学习为主要学习方式，以丰富的体验学习活动为特征，以培养学生的主体精神、自我发展能力为旨归，构建了三块八环节“主体—发展”体验式教学模式（入轨模式）。

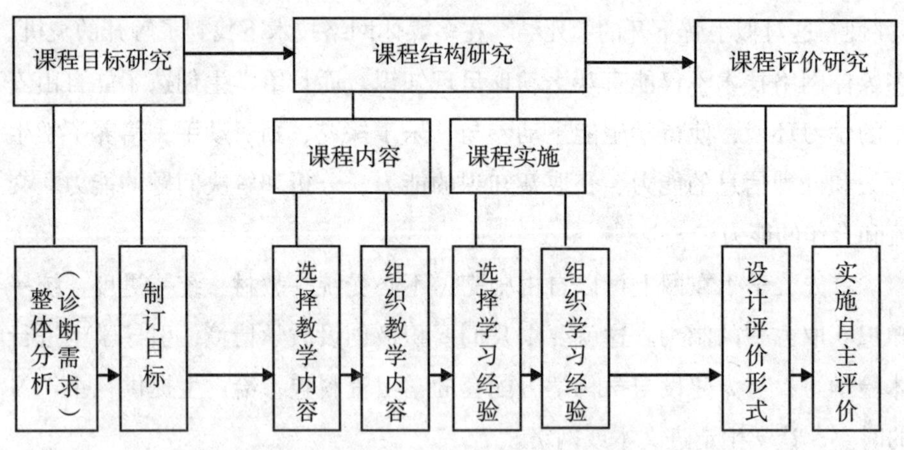

三块八环节“主体—发展”体验式教学模式

我们主要以“现代课程理论之父”拉尔夫·泰勒的“目标模式”理论、坦纳夫妇的“坦纳模式”和英国著名课程论专家斯腾豪斯的“过程模式”理论作为开发依据，形成了三块八环节“主体—发展”体验式教学模式。学校根据“仁爱”教育特点，进行课程改革，在该教学模式的基础上，形成了促进学生全面发展的，将国家规定课程、学校特色课程和发展学生个性特长的课程相结合的课程体系。

从化中学开发的校本课程包括课程目标、课程结构和课程评价三个板块。课程 a 目标研究需建立在学校整体分析（诊断需求）的基础上，包括教学生成目标和表现性目标。课程结构研究包括课程内容和课程实施两部分。课程内容的选择以是否有效、是否有内在价值为标准，解决“教什么”的问题，即选择什么样的教学内容、怎样组织教学内容及用什么方式组织教材；在课程内容研究的基础上，进行“怎样教”的研究，即课程实施，对选定的学习经验加以组织，合理安排其实施顺序。课程评价研究，即设计恰当的方法和合适的工具来评价学生的学业成就，确定目标达成度或目标探究度（自我实现程度）。该研究过程不但是课程的开发过程，更是课程不断创生的过程，也是对课程不断加以补充、调整和完善的过程。也就是说，“主体—发展”体验式教学模式始终处在变化发展之中，不是机械的和纯粹直线式的，而是动态发展的。

四、改变教学方式

实施三块八环节“主体—发展”体验式教学模式，首先要改变现有的教学方式。那么，如何改变呢？

1. 明确课堂教学定位问题

运用三块八环节“主体—发展”体验式教学模式要考虑教学的定位问题。高中阶段的教学既是九年义务教育的延伸，要注重其基础性，又是与大学教育的接轨，要注重其专业性。因此，高中学科教学定位的关键词是“共同基础”和“自主选择”，重点培养学生的自主学习能力、实践能力、自我发展能力和主体精神、创新精神等，为课堂教学“顶层设计”确定行动方向。

2. 整体把握教与学的关系

现代教学论认为，教学活动不仅仅是一种对象性活动（认知活动和实践活动），也是一种意义活动（精神性交往活动）和意义关系（“主体—主体”或“我和你”的关系）。教学活动是一种以人的精神生活和精神世界为对象，以促进人的全面“生成”为旨归的精神性生产实践过程。在这种精神性生产实践过程中，如果活动中的主体是教师，那么，学生就是客体，形成的就是教师中心论，主要手段是征服和控制，实施途径是灌输知识，培养的是学生的服从意识；如果活动中的主体是学生，就会形成学生中心论，一切服从学生，忽视教师的主导作用。但学生是思想不够成熟的未成年人，达不成精神性生产实践过程的教学效益。因此，要从对象性活动的角度，把教与学的关系看作教师的价值引导和学生的白主构建的辩证统 ，重视学生的主体地位，发挥教师在活动中的主导作用，促进学生自我能力的发展；要从意义活动的角度，整体把握课堂中教与学的关系。

（1）理解与对话，形成有意义的教学活动。

“我”与理解对象“你”是一种“主体—主体”关系，是一种平等的精神性交往关系和对话关系。学生理解教师，教师理解学生，建立“理解万岁”的和谐、平等、民主关系，形成良好的对话教学信息网。

（2）发挥教师的主导作用。

因年龄问题，学生在思想、阅历等方面存在某种不足，因此教师要通过对话参与指导学生的自主学习活动，要为每个学生的充分发展创造条件、提供机会，起到应有的主导作用和“顾问”作用。

（3）突出学生主体地位，强化学生自主构建意识。

学生是课堂学习的主体，教师要激励学生广泛参与教学，自主构建课堂知识，提高自身能力。我们都知道，学生的身心发展不是外部力量的结果，而是学生通过自主学习活动，在与外部世界相互作用的过程中获得的。

教学活动以教与学之间的理解、对话为基础，是实现教师价值引导和学生自主构建的过程。教学活动中的主体是生命体之间理解、对话的双主体。

3. 完善学习步骤，优化学习过程

课堂教学的主体活动设计有三个关键词：简化、细化、优化，与之相匹配的是“要思想”“慢进发”“多变活”的教学行动。

（1）简化教学头绪。

面对文本所呈现的纷繁的知识点和能力点，教师要简化教学头绪，梳理教学思路。“要思想”就是简化教学头绪的依据。“要”指学生学习的需要。学习有三重境界：一是听得懂（认知），二是记得住（理解），三是能运用（应用）。听得懂是记得住的基础，能运用是听得懂、记得住的结果。我们要根据制订的学习目标对教学头绪进行简化，如果目标是行为体验（科学实验），其他的认知体验、情感体验则要简化。“思”指思维训练，如果侧重培养理性思维，其他则简化。“想”指想一想学生需要具备怎样的能力，拥有怎样的优秀品质，如果目标是培养学生自主学习的品质，教师讲解的内容就要简化，要尽量让学生自主学习、自由思考。简化教学头绪，设计一个牵一发而动全身的核心问题作为突破口，推行以思维为基础的问答策略，使课堂主线明晰，以简驭繁。

（2）细化学习活动。

“慢进发”是课堂学习活动设计的关键。“慢”是指要围绕主问题细化学习步骤，如明要求—巧训练—展成果—能反思，要慢工出细活。“进”是指细化学习过程，提升学习品质。学习过程要有完整的结构、丰厚的主题内容，教师通过设计主题活动，分阶段、有步骤地刺激学生的思维，激起学生表达的欲望，把课堂还给学生，让学生的思维能力在探究与表达中得到真正的训练与提高,让学生真正成为课堂学习的主体。“发”是指师生之间、生生之间相互激发，激发学生的学习兴趣，激活学生的思维，使学生在活动中成熟、成长。

（3）优化学习过程。

优化学习过程就是优化师生关系 ，以问题设计来优化师生课堂对话的路径和出口。“多变活”是优化学习过程的美学依据。“多”就是教师要围绕课堂主问题多角度审视教学形式，以使学生形成有效体验，如从诵读、品析、运用、积累等角度审视阅读教学活动是单一呆板的还是灵活多样的。灵活多样的教学活动更容易激起学生的学习兴趣，使其保持较长时间的注意力，学习效果更好。这一点对低年级学生来说尤其有用。“变”就是以变化程度来审视教学手段和教学方式。听、说、读、写、视、算、演等各种教学手段皆有妙处，合理的变化是硬道理。“活”是审视课堂活力的标准，牵一发而动全身的问题设计，在对话过程中能使学生的思维活起来，思维活起来后脑、手就会动起来。所以，学生的思维活动就是要“活”出新知、“活”出智慧、“活”出品位，引发学生的“底层冲动”。

只有围绕课堂主问题，坚持简化、细化、优化教学活动设计原则，我们的教学行动才能很好地由“教的活动”向“学的活动”转移，从而完善学习步骤，改进课堂结构，优化学习过程，凸显学生的主体地位。

4. 多种学习方式兼容并存、协同发展

除了课堂学习外，我们还以信息技术和网络技术为突破口，更新教育思想、转变教育观念和教师角色、改变单一的教学方式，努力营造适合学生全面、主动、多样化发展的相对宽松的教学环境，实现自主学习、合作学习、探究学习等多种学习方式的协同发展。

（1）基于资源的学习。

教师根据学习目标和任务给学生提供丰富的相关信息或资源，让学生在查找过程中，通过阅读、聆听、观察等方式，筛选、重组重要信息，并展现和表达学习成果，最终完成学习目标。

（2）基于任务和问题的探究学习。

使用这种学习方法，教师呈现给学生的是一个或多个问题。学生根据问题有目的地收集信息、分析信息，同教师或同学进行交流讨论，最终解决问题。这种学习方式，有利于学生自主构建知识，提高信息处理能力和知识创新能力。

（3）基于协作的学习。

学生根据学习时间和空间，形成同时同地、同时异地、异时同地和异时异地等多种学习形式，通过电子邮件、聊天室、视频会议等，与他人（教师、专业人士、知名学者、同伴学习者）一同解决学习过程中的问题，就问题与他人进行对话、交流、讨论。这种协作学习，有利于提高学生的高级认知技能、人际交往技能，有利于学生形成正确的情感态度与价值观。

（4）基于个性化的学习。

改变单一的班级授课形式，尊重学生的个体差异，充分考虑每个学生不同的优势、学习方式和兴趣，给学生提供选择的机会，使他们可以根据自己的需求走出教室，到计算室自学、补课，到阅览室查阅资料等。

我们只有不断更新教育思想，追求卓越的教学行动，转变教学方式，尊重学生的个体差异，满足学生自我发展的需求，才能不让一个学生落下，才能实现素质教育理念下高品位的教学。

五、构建优质高效课堂

面对教学的快速发展，我们追求卓越智慧，打造“整体—部分—整体”的最优化教学策略，创新三块八环节“主体—发展”体验式教学模式，改革课堂教学结构，优化教学形式和手段，打造优质高效的课堂，并使之常态化。那么，如何打造优质高效的课堂呢？

1. 目标式导学

将新课程改革的三维目标落实到课堂教学之中，是导学的第一步。我们不仅要细化新课程的知识目标、能力目标体系，还要在实施前确定落实目标的教学形式、路径和手段，而且要关注情感态度与价值观目标的细化，将三者融合为相互联系的整体，以此培养学生的主体精神和自我发展能力。我们要明确社会的主流价值取向、优秀品质培养的计划和步骤，进一步明确能力的培养要在优秀品质的目标指导下进行，真正回归到教育的本质，肩负起课堂教学的使命。目标式导学，要求教师不要拘泥于教学过程中的细枝末节，要宏观审视课堂教学，形成整体教学优势，以优秀品质为“纲”，以能力为“目”，以知识为“科”，将其与课堂教学相融合，注重实效，着眼未来。

2. 跨进式导学

跨进式导学就是跨越进度，打破教材现有的章节或课文顺序，从而让学生形成科学思维，建立宏观知识体系，实现知识的整体重构。它的核心是培养学生的自主学习能力、实践能力等创造性思维品质。每个学科都有相对完整的知识体系，只不过编写教材时，编者按自己对核心知识的理解将系统完整的知识分解了开来，教师按照教材一篇一篇地教，学生很难将知识连成整体，这在一定程度上违背了学生的认知规律，无法提高学生的自主学习能力和实践能力，也不利于学生优秀思维品质的形成。学生学习品质的提升，依赖学科整体思维的构建。跨进式导学的目的就是要重构学科课程，构建起完整的学科知识体系，培养学生的学科思维。跨进式导学设计要根据学校教学实际和生源特点重构现有的国家教材，最终实现国家教材校本化，这需要教师卓越的集体智慧。

3. 渐进式导学

渐进式导学要根据知识的发生、发展规律和学生的心理、思维、情感特征，整体设计高中阶段各学科的教学，设计后的教学内容要体现知识生成过程和能力梯度，集中解决知识生成和能力提升问题。由此，从知识的生发和能力的提升角度可设计三大类渐进式导学。第一类为学习境界渐进式导学，其层次是听得懂、记得住、能运用。第二类是学习进程渐进式导学，其层次是认知、理解、运用、积累。第三类是学习思维品质渐进式导学，其层次：一是研究方法，让学生掌握学习该学科知识的基本方法与思维，实现“能学”；二是研究学科思维，使学生深入掌握学科知识体系，培养学生分析、解决问题的思维，实现“会学”；三是提升学习品质，利用“问题解决”平台，利用学科知识、能力解决生活中的问题，让学生学以致用，实现“学会”。

渐进式导学从以下几个方面完善了教学设计。

第一，对文本做详细的分析，深入探究知识，使学生掌握知识，提高能力，对自主学习有自信；第二，把学习任务交给学生，让学生按学习流程自主完成，自主选择适合自己的学习方法，培养主体精神和自我发展能力；第三，反思归纳，引导学生注重对学习过程的回顾与反思，提升学习思维品质；第四，联系生活实际和学习实际，让学生用学到的知识去解决问题，活学巧用知识，如此这般，从解决一个小问题到宏观把握知识体系，循序渐进地提高思维品质和学习能力。

4. 生成式导学

生成式导学注重学生自我发展能力。教师借助教材中的“问题解决”环节，创设问题情境，促使学生生成有用的知识并运用知识，同时提高学生解决问题的能力，使之自主地构建知识体系。

依据目标式导学、跨进式导学、渐进式导学、生成式导学进行课堂教学的“顶层设计”，创新三块八环节“主体—发展”体验式教学模式，引发学生学习思维的“底层冲动”，这就是我们追求的优质高效课堂。

第六章　大榕树与现代君子

何谓君子？学校那两棵顶天立地的大榕树犹如君子，有着自己的成长理论。

我在大榕树下仰望其伟岸，用手触摸那粗糙的树皮，感受那份由时间沉淀下来的稳重。透过叶子，暖洋洋的光随着大榕树质朴而厚重的气息扑面而来。我常常站在树下思考：我和全校师生该如何像它一样成长呢？

一是交给时间。时间看不到，也摸不着。但是我们之所以成为现在的我们，大树之所以成为现在的大树，都源于时间的积累和沉淀，源于在时间的每一个当下沉淀和积累自己。在我看来，面对时间的流逝，最困难的便是耐心和当下。什么才是当下？自从开始追求培育现代君子之后，我便去慢慢地体悟这个概念。我感受到过去的每一秒和未来的每一秒都是不同的；过去的每一秒无法改变，未来的每一秒无法预测，生命无常，只有当下这一秒才真正属于我。大树无法改变自己昨天的样子，也无法预知明天会怎么样，但它知道在当下每一秒都要汲取养分，做自己当下的样子。培养对待时间的耐心，便是在培养和当下相处的那份能力，通过这一能力的积蓄使自己获得成长。

二是不动。对于不动，在我刚刚接触仁爱本心时，曾经做过一次修炼，体悟像大树一样生长。当时我的情绪高涨，感觉“日晒雨淋”“风霜雨雪”

我都可以骄傲地接受，我会如一名战士一样战胜自然环境，自然生长。然而随着修炼时间的变长，我慢慢感觉到，我仍被情绪所左右。我将自己的感受告诉导师，导师说:“树是不会有这样的情绪的，‘日晒雨淋’‘风霜雨雪’都只是外物而已，只会给身体带来一些感受。”当时我不能体会这句话的真谛，但慢慢地我明白了，这些外物所带来的情绪对于修习仁爱本心来说都是道途。通过这些情绪，我们逐渐看到了很多限制性的信念，看到了很多自己虚构的假象。当逐渐清理了这些限制性信念和假象后，我们的心自然就会岿然不动。而之所以看清这些限制性信念和假象，正是因为本心具有钻石一样的特性，任何外物作用于这颗钻石般的本心时，都只会呈现它本来的面貌，当我们回归本心时，自然就不会因为外物而失去真我。这份不动，正是王阳明所说的“心如明镜，物来则照”。这份不动，正是回归本心之后的从容与平和。

三是根基。有这么一个故事，说的是某人想练盖世武功，师傅让他天天拍水缸。拍了一周后他觉得特无聊，师傅却说“继续”！他又拍了一个月，快要崩溃了，师傅还说“继续”！他又拍了半年，心想：这老头骗我，我不练了！于是拂袖而去。回家，拍门，一掌，门碎了！大哭，回山中长跪……

树在扎根的过程中，不会因为外界的影响而放弃向更深的土壤汲取养分，充实自己。而人却会因为不相信，而斩断自己的根基。修习本心的根基来源于日复一日勤勉的练习。每一次的“拍缸”都是在为练成“绝世武功”汲取养分。其根基，正是坚持不懈的积累与练习。

四是向上长。对于“向上长”，我更多地理解为一种成长的动力。这种动力生发于内心。它不是对外界事物的追求，也不因外界的影响而退缩，只是内心有明确的笃定和信念。这份向上，正是回归本心之后所生发的勇气。

五是向阳光。想到阳光，我不由地微微眯起了眼，犹然而生一种温暖的感觉。面向阳光似乎一下子就消减了内心的很多阴霾。“心若向阳，无畏伤悲”，内心生发了阳光，便不再害怕黑暗和痛苦。而这份阳光，正是本心的光芒。当我们将内心的那些负面情绪暴露在阳光下时，这些负面情绪就会慢慢消退，内心的力量就会生发，力量越大，幸运的事就越多。

基于这样的成长思考，我们踏上了“求仁”之路。我校于 2014 年申报立项了“孔子‘仁’文化与中学生‘现代君子’人格培养研究”课题。课题研究之初，我们需要明确以下两个问题。

第一个问题：什么是君子人格？

人格是思想、品德、情感的统一表现，著名漫画家丰子恺先生把人格比作一只鼎，这只鼎的三足代表的就是思想（真）、品德（美）、情感（善）。美国当代教育家托马斯·利科纳在《人格教育》一书中指出：“有史以来，教育所追求的目标都是双重的，一是帮助青年人开启智慧；二是帮助他们发展良好的品性。”人格是人生在世的立足点，是实现生命意义的关键。

何谓君子人格。

人之仁者为君子，人之不仁为小人。这是孔子对君子人格最基本的表述。君子应具有以下人格。

（1）诚信。儒家把“仁、义、礼、智、信”列为五常。孔子认为：“人而无信，不知其可也。”“言必信，行必果。”“民无信不立。”归结为一点，就是要求人们按照“礼”的规定互守诚信。

（2）忍让。儒家要求君子要有“温、良、恭、俭、让”的品质。其中“让”有谦逊的意思，也有“忠恕之道”“己所不欲，勿施于人”的思想。

（3）谨慎。儒家文化强调：“君子食无求饱，居无求安，敏于事而慎于言。”《礼记》中也有“谨于言而慎于行”之说，而且儒家文化更强调“慎独”的修身思想。

（4）助人。儒家文化强调：“君子贵人贱己，先人而后己。”孟子也有“老吾老以及人之老；幼吾幼以及人之幼”之论断。

（5）同情。孟子认为人有“四端”：“恻隐之心，仁之端也；羞恶之心，义之端也；辞让之心，礼之端也；是非之心，智之端也。”更强调：“恻隐之心，人皆有之。”

（6）合作。孟子说：“百工之事，固不可耕且为也。”“然则治天下独可耕且为与？有大人之事，有小人之事。且一人之身，而百工之所为备。如必自为而后用之，是率天下而路也。故曰：或劳心，或劳力。”认为一个人的能力有限、精力有限，所以需要社会分工，实行互助合作。

（7）勇敢。儒家认为君子必备三种基本品德：仁、智、勇，亦称“三达德”。儒家之勇绝非血气之勇，乃是实践“仁”的道德勇气。孔子认为：“见义不为，无勇也。”

（8）正直。孔子曰：“何以报德？以直报怨，以德报德。”孔子说的“直”不仅仅是正直，还指人的天性、人之常情。它发于人之本心，合乎天道伦常，诚于中而发于外，自然而然，不罔而直。

第二个问题：什么是现代君子人格？

从化中学秉承“传承孔子文化，培育现代君子”的办学理念，在继承诚信、忍让、谨慎、助人、同情、合作、勇敢、正直等传统美德的基础上，融合改革创新、“八荣八耻”和以“平凡中不平凡”的雷锋为典型代表的时代精神以及社会主义核心价值观，形成了“仁”文化背景下具有诚信、责任、爱国、笃行的现代君子人格。

明确了上面两个问题后，我校开展了以“求仁”为主题的课程文化建设，并积极开发“学习”“修身”“践行”的微课程群，以使国家课程校本化、校本课程特色化、特色课程精品化，完善学生在校园内的“求仁”路径。

一、学科课程文化建设，培育现代君子的沃土

学科课程文化建设是学校教育的核心工作，它涉及两个关键因素：课程的领导力和执行力。学校层面设计出符合教育实际的课程方案，如果没有执行力做保障，学科课程文化建设就不可能落实到位，就形成不了特色。为此，我们要对教师进行学科课程教学校本培训。

1. 学科课程教学的定位

我校为了明确学科课程教学的定位，集思广益，开展“论文季”活动，教师们利用假期撰写学科教学论文 180 余篇。此外，我校还借助北京师范大学的资源，分两批对教师进行培训。最后，讨论确定学科课程教学要从

三个方面进行定位：①学科课程教学的价值，②学科课程教学的使命，③融合学校现代君子人格培育的校本特色。

2. 学科课程教学的规划

根据学科课程教学定位制订三年教学规划，讨论明确学生所需的核心素养和学科、社会、情感等“能力群”，以及分阶段教学执行方案。我们要以学生的发展为本、以能力为核心设计课型，使学生在课堂上能生成问题、探究学习，并进行拓展评价等，以调节课堂教与学的关系，促进学生自主、合作、探究学习的发展，培养学生的自我发展能力。在此基础上，以学习小组为基本单位，形成学科课程教学的整合力——促进现代君子人格培育工作的深入、全面开展。

3. 改进并完善教育教学机制

学校班额大，一个班50多人，这不利于教师因材施教，不利于学生的个性发展，不利于学校形成特色教育。面对这些不利因素和问题，我们开展合作学习小组“仁”文化建设，并将其作为班级教育机制，从组织培训、协同合作培训、激励机制培训、动态评价培训等方面入手，坚持组内异质、组间同质，形成“人人有事干，事事有人管”的班级管理形式。

4. 构建匹配的教学模式

在开展合作学习小组“仁”文化建设的过程中，需要把一个班分成几个小组进行教学，传统的教学方式显然是行不通的，小组会因为没有任务而名存实亡。因此，我们的学科课程文化建设的重点是构建适应小组合作学习的新型教学模式。

（1）问题探究型教学。以问题为导向，引导学生在学习文本的过程中生成问题，选择有价值的问题进行分析、探究，进而解决问题。适用于文科类学科教学。

（2）任务驱动型教学。以任务完成为导向，设置任务情境，然后让学生制订完成任务的方案，进行角色分工，协同完成任务。适用于语言类学科教学。

（3）活动合作式教学。以活动为导向，让学生根据活动流程，分工合作开展活动，各小组互评活动开展的质量。适用于科学类、形体类学科教学。

（4）项目实践型教学。以科技小项目为导向，制订实践方案，了解学生发现问题、分析问题、解决问题的思维过程，体悟学生创新能力的形成过程。适用于科学类学科教学。

（5）尝试体验式教学。以实践体验为导向，创设教学情境，引导学生尝试研读、尝试思维训练（变式训练）、尝试拓展等。

（6）情感体验式教学。以情感体验为导向，让学生在现实生活情境中通过感受理解、感悟体验等情感发展活动，获得知识、技能。适用于分角色读课文、文艺演出、主题班会类教学等。

自学是展示之本，展示是课改之魂。创新学科课程教学模式，促进学生自主学习和自主管理能力的发展，使课堂成为滋养现代君子人格的沃土。

5. 学科课程教学整合设计，培养“求仁”核心素养

新课程倡导实施小组合作管理，让学生自主管理班级、学校。如果在学科课程教学中不能正常运行合作学习小组，培育其健康发展，那么，合作学习小组便会名存实亡。故此，我们要根据合作学习小组的运行原理对各学科教学进行设计，并形成强有力的整合之力，培育“求仁”的核心素养。

何谓“求仁”核心素养？就是学生在“求仁”过程中为满足个人终身发展、社会发展需要而必备的关键知识、能力和态度，它是跨学科、跨领域的共同要求，不同于特定领域的专业素养要求。如协同合作、沟通交流、责任担当、自我学习、数字运用、信息技术、解决问题的能力等。

二、微课程群建设，成为现代君子的乐园

我校根据“仁”文化，建设了“文化榕园”“优雅榕园”“智慧榕园”“诗意榕园”“体健榕园”“廉洁榕园”六大校本课程。挖掘《论语》经典文化思想，选择具有现代活力和价值的“仁爱”文化；挖掘学校人文资源，选取切合学生生活、精神需求的内容；落实素质教育目标，培养创新精神和实践能力，

以“诚信”为人之德、“责任”为事之德、“爱国”为民之德、“慎独”为立身之德为育人维度，以“博学”“修身”“实践”为主题，开发现代君子微课程群。如下：

（1）改变一种不良习惯（必修）

（2）解决班里一个棘手问题（必修）

（3）浏览学校图书馆全部书籍（必修）

（4）精读一本人物传记（必修）

（5）交一位教师朋友（必修）

（6）对话校长、顶尖教师一次（必修）

（7）说一口流利英语（必修）

（8）参加志愿者活动（必修）

（9）参加学校其中一个社团活动（必修）

（10）写一手工整的钢笔字（必修）

（11）会用一种乐器（选修）

（12）会唱一首好歌（选修）

（13）会跳一种舞蹈（选修）

……

这种微课程共有35个之多，让学生积极参与校本课程开发，在开发实践中成为懂孝悌的人、懂沟通合作的人、敢于担当的人、会学习的人、会生活的人，在校园里践行现代君子的品格，圆梦现代君子。

三、建设合作学习小组，搭建学生“求仁”平台

建设合作学习小组，旨在以小组为单元，以“协同推进、合作提高”为基础，以营造小组“仁爱”文化为重点，构建情感认同、价值观认同、行为协同的学习共同体，培育学生“求仁”的现代君子人格。

建设合作学习小组，促进学生自主学习能力、自主管理能力的形成，不是一蹴而就的，不仅需要教师的指导，还需要对学生进行培训。

1. 合作学习小组组织体系建设

人数：5~6。

原则：同质分组，异质成组，角色互换，协同合作。

职责：双岗双职，人人有事干，事事有人管。

两个团队建设：学术团队建设和管理团队建设。

学术团队：任课教师、学习委员、课代表、学习小组组长、组员。

管理团队：班主任、班长（主任助理）、班委成员、管理组长、组员。

2. 合作学习小组培训体系建设

（1）就如何完成任务、如何分工、如何合作、如何交流、如何整合、如何督促评价等进行培训。

班主任或班长主持下的组长例会 } 解决小组层面的工作反思和改进问题

组长主持下的组员例会 } 解决小组层面的工作反思和改进问题

（2）开展增强小组团队凝聚力的课程。

辩论赛课程 ⟹ 提高合作中需要的收集、整合、输出信息等能力。

合作实际场景——小组论坛 小组合作的经验得到传播、共享。

（3）课堂教学模式的转型。

任务驱动型教学 ⟹ 同伴合作学习

活动合作式教学 ⟹ 自主学习

项目实践型教学 ⟹ 探究性学习

情感体验式教学 ⟹ 实践性学习

3. 合作学习小组活动体系建设

以小组为单元，从校内到校外，从学科活动、德育活动、体育活动、艺术活动到社会实践，按一定的时间周期设计系列活动，使小组成员为共同的任务目标而共同行动，久而久之形成团队凝聚力、协作力。

4. 合作学习小组评价体系建设

评价体系建设包括以下两个方面。

内容上，从学习表现到成果鉴定，从学习成绩到非智力因素都有评价记录。

形式上，从分数记录到定性评议，从参与次数到公开表彰，全面构建起一节一记、一日一结、一周一评、一月一表彰的多元评价体系。

四、构建现代君子人格教育体系，完善“求仁”育人机制

人格教育体系以培养“仁”与“诚”为人格价值核心，以行为表现验证教育效果。

人格价值即人的价值，又称为价值人格。可以说，人格教育是教育的核心、教育的基础。人格教育的任务，可集中且简化为培养“仁”与“诚”两项。“仁”和“诚”表现在各个方面，随时随地存在于行动中。

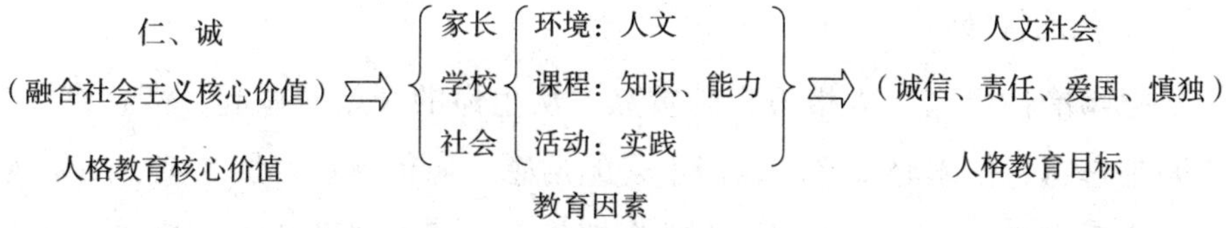

人格教育核心价值		教育因素			人格教育目标
仁、诚（融合社会主义核心价值）	⇨	家长 学校 社会	环境：人文 课程：知识、能力 活动：实践	⇨	人文社会（诚信、责任、爱国、慎独）

中学生现代君子人格教育体系

（1）人格教育将“仁”与“诚”的精神融入知识和能力的学习中。

（2）家庭与学校皆处在人文社会中，社会风气影响家庭和学校，故家庭和学校必须具有明辨是非的能力，以助长社会的优良风气，排除不良风气的影响。

（3）人文社会之外，是大自然。人与自然息息相关，大自然为人提供了阳光、空气、水等最基本的自然资源。离开了大自然，人类就无法生存。因此，人类的爱心和诚意也应该给予大自然，以维护人类生存的根基。

（4）人格教育从培养每个人的善良品质出发，使每个人都具有人格价值，成为有价值的人，如此才能使“个人”成长为“文化人”乃至“世界人”，无限提升人的价值。

（5）人格教育有助于学生知识的学习和能力的提高，学习必须出于自主、自发方能高效，爱学习、认真学习，才能学而有成且所学不致“误用”。

（6）以“诚”为核心，形成务实的态度，从而有正确的“自知之明”，

知道自己应该何去何从，知道自己要学什么，进而明确自己能够做什么。

（7）自爱则知耻，因耻于不当表现而不为，是真正的爱自己。敬长慈幼，爱所有人，进而爱人及物，在用物时惜物，然后能欣赏大自然的神奇，并对大自然加以爱护。

（8）学校存在于人文社会中，人文社会影响着人的人格。除教育工作者之外，其他人也负有教育下一代的责任，大家必须携手合作，对下一代进行人格教育。

五、明确现代君子人格教育的重点

人格教育的主旨在陶冶个人的品格,以“诚”与“仁”为人格价值核心。

1. 陶冶性情

把陶冶性情当作人格教育的重点，从生命的开始时做起，潜移默化，不断地进行，使人心境平和，产生爱的情感，懂得欣赏自然之美、用乐观的眼光看世界和人生，使理性思维发挥作用，即使遇到挫折或苦难，也可抑制情感的冲动，改用较为平和的态度来面对并处理。

2. 培养意志力

我们常常将自我主宰力称为意志力，即约束自己的力量。要以理性判断某行为当或不当，而后决定行止。坚强的意志是克服困难、完成各种实践活动的重要条件。提高学生的意志力，对学生的学习、成长及至成功都有不可估量的意义。

3. 培养自主学习意识和管理精神

自主学习意识和管理精神与意志力有关。培养自主学习意识和管理精神要有独立性做保障，即能主动地采取行动。要有这种表现，在于行动者知道行动的必要性且知道必须由自己来完成。

4. 拥有羞耻感

羞耻感是人特有的道德情感，是个体做了不符合道德规范的事所产生的内疚、自愧的心理体验。在社会生活中，人不仅要知道什么是荣誉，还要知道什么是耻辱，拥有羞耻感，才会有上进心。羞耻感对人的行为具有约束力，它以鞭策的形式督促人自我规范、自我约束、自我完善。如果没有羞耻感，人往往荣耻不分，甚至以耻为荣，追腐逐臭，无所不为。

借用梁启超先生对清华大学“自强不息，厚德载物”校训阐释的话说，就是我们的学生要具有自强不息、不懈奋进的精神，厚德载物的宽广胸怀和气度不凡的君子人格，从而去改造世界、创新生活。

第七章　求仁路上的风景

点亮慈善教育的星星之火

——徐灼佳与从化中学教育基金会

把财富放在学校，放在育人，那财富才永恒。

——徐灼佳

徐灼佳，1980 年与我同读于从化中学高一（2）班，因忠厚、勤学、聪慧、沉稳、有主见而被同学们称为“佳叔”，一叫就是近 40 年。

徐灼佳的人生经历很简单：从化龙潭人士，1964 年出生，从化中学毕业后考上中山大学，在中山大学求学 7 年，取得硕士学位后在从化政府部门工作，后下海经商。2008 年国际金融风暴后，渐渐远离商海，2010 年建立广州市徐灼佳慈善基金会，做起了慈善事业。

对“财富人生”的思考

我常常与徐灼佳在流溪河河堤骑车漫游，自由自在，优哉游哉。有时坐在河堤草坪上，看着溪流，感慨人生：时光匆匆而过，一去不复返。雁过留声，人过留名。人是渺小的，人活着应该做点有意义的事。

徐灼佳常跟我畅谈他“发明”的“财富守恒定律”。他认为，财富最初是由劳动创造的，之后就衍生出财富，财富创造财富。亚当·斯密在《国富论》中指出，交换是分工的起因，因交换而产生货币、产生价格以及价格构成的成分——工资、地租和利润。徐灼佳认为财富就是数字。从前的财富在哪儿？现在的财富在哪儿？今后的财富在哪儿？都在地球上。只不过是这帮人替代了那帮人拥有。由此可以得出“财富守恒定律”：不增不减、不生不灭；如来如去，如有如无；生不带来，死不带去。

徐灼佳提出，用智慧赚来的钱，要用智慧花掉它。他认为，财富最后的归宿是给别人。给的对象——后代或是其他人，给的方式——主动或是被动，给的时间——生前或是死后。

徐灼佳概括了财富人生 10 条。

（1）人一定要做善事，做善事就是去帮助别人。

（2）善事要在生前做，有能力时做。

（3）不要把财产作为遗产，要让财产发挥它的作用，要回报社会，遗产往往会引起后人争执。

（4）应该养育儿女，但不应该养育孙辈，孙辈由子辈养，现在就把孙辈或更后辈的事都考虑了，子女这一代肯定就不努力了，孙辈肯定就败家。

（5）善事要开心地做，在力所能及的范围或尽力而为或竭尽全力做都可以，做善事取决于个人，不愿做就不要做，不开心就不要做。

（6）积善门庭大，恩泽后世长，赚钱需要智慧，处理财富也需要智慧，处理得好，既能造福今人也能造福后人。

（7）做善事不在于大小。

（8）人一生用不了多少钱财，个人的生活消费是有限的，生活富足后，财富只是用来数的、用来看的。

（9）支持教育是最大的善事，是最有意义的事。

（10）付出的同时也在收获，正如“积善之家必有余庆，积不善之家必有余殃”“赠人玫瑰，手留余香”“万事皆虚善不虚”等。

“基金会”的诞生

徐灼佳在从化不是最富有的，但可以说是很贵气的。他的贵气之处在于为他人做了许多人人想做而又做不到的事——把财富无偿捐献给他人，帮助他人。徐灼佳亲手创办的广州市徐灼佳慈善基金会，确实了不起，值得点赞。

徐灼佳常常感慨两件事：一是读高一时从学校领到7.5元的助学金，他当时暗下决心，自己有能力时一定要为母校做点事情；二是到中山大学读书，第一次学生大会在梁銶琚堂召开，他认为，梁先生不简单，能做那样大的贡献，将来自己有条件了，也要为中山大学做点有意义的事。

徐灼佳定下了基金会的目标：打造从化首善品牌；理念：施者莫求报；愿望：慈善事业在从化地区呈现“星星之火可以燎原”之势，希望更多的人及企业投身慈善事业。

在徐灼佳建立广州市徐灼佳慈善基金会时，基金会款项使用范围是：考上中山大学的学生、从化中学高考文理科前10名和部分优秀毕业生（每人一台手提电脑）；10名从化籍优秀本科生、研究生和博士生；从化中学非毕业班优秀学生。

后来，广州市徐灼佳慈善基金会更名为“广东省从化中学教育基金会”。广东省从化中学教育基金会款项使用范围是：各年级优秀学生（包括优秀毕业生、为学校争得荣誉的优秀学生）；部分贫困学生；成绩优异、贡献突出的教职工。作为学校基金会，其建立在全省算是较早的。我常告诫教师和学生，基金会的建立，全靠热心校友和社会人士的支持。对于师生来说，这既是动力，更是压力。教育基金的奖励帮助，让教师更有尊严、更有面子、更有底气，让学子更有动力、更有信念、更有作为。

那些难忘的故事

广东省从化中学教育基金会的创立过程中发生了许多精彩的故事。

2012年9月，我到华南师范大学附属中学吴颖民校长（现在广州中学校长）工作室跟岗学习，当时非常羡慕他们学校建立起了教育基金会，有效激励了品学兼优的学生和成绩突出的教师。于是我向吴校长请教建立基金会的程序和办法，吴校长热情作答，并且鼓励我说：“从化中学历史悠久，校友资源丰富，应该有条件建立教育基金会。”从化中学要建教育基金会，我首先就想到了老同学徐灼佳。

第一次聊教育基金会的事，是在流溪河河堤的草坪上。我跟徐灼佳说：“最近我到华南师范大学附属中学学习，见他们建立了教育基金会，挺好的，希望我们也建立起来。”他问：“有什么想法？”我说：“希望你支持一下，捐款1~2万元，带个头，我再到其他校友处募捐，筹集200万元就可以了。”他说：“没问题，我先支持2万元。”第二次见面，徐灼佳问：“基金筹集情况怎样？”我说：“没进展，你能否多支持点？”他说：“没问题，我支持5万元。”第三次见面，他问同样的问题，我希望他再多支持一点儿，他说：“那我支持10万元。”第四次见面，他看我的筹集工作仍有困难，就笑着说：“看来不给你50万元，你是不会罢休的。”我听了也笑起来。大约过了两个月，转机来了。

2013年3月19日，参加完从化“政风行风热线”节目录播后，我去了徐灼佳的办公室。至今我还清晰地记得我俩当时的对话。

我：我今天找你还是谈筹办从化中学教育基金会的事，从化中学发展的压力越来越大，今天如果不把学校发展的基础打好，明天就更难发展了。

从化中学要想发展就要提高软实力，靠校友、社会力量的支持。

徐灼佳：我很赞成这个教育基金会的建立，这也是我的愿望。我有个想法，想把我现在建立的基金会中的资金转移到从化中学的基金会中，作为对从化中学教育基金会成立的支持。

我：感谢你的理解和支持！

徐灼佳：我会尽全力支持，请你放心做好你的工作。

离开徐灼佳的办公室，尽管外面下着小雨，但我心里充满阳光：有徐灼佳这样的校友的支持，我没有理由不做好教育基金会的筹办工作。

2013 年 3 月 20 日一大早，徐灼佳来到我的办公室。我们又聊起了建立教育基金会的事。

徐灼佳：我与水容（他的夫人）和徐梁（他的儿子）谈了，他俩都表示全力支持从化中学教育基金会。为教育事业多做贡献是应该的，也是可以做到的。

我：感谢你的支持！

徐灼佳：我想到两个方法：一是在从化中学成立教育基金会，把我现在基金会里的资金转移过来；二是把广州市徐灼佳慈善基金会直接改为"广东省从化中学教育基金会"，把法人、办公地点、组成人员全换了，这样最直接、方便。

我：可以考虑。

徐灼佳：广州市徐灼佳慈善基金会早晚要给从化中学，这是我的心愿。我原来的计划是 10 年后，现在时机成熟，基金会已运作 4 年，很顺畅，现在交给从化中学是合适的。

我：这会影响基金会人员的生计吗？

徐灼佳：不会的。

我：谢谢！

2013 年 3 月 28 日下午，徐灼佳慈善基金会的邓水容、徐灼佳、邹丽珍，从化中学的邱榕基、吴羽君、李跃建、王列钳、梁苗等齐聚市政协会议室，举行广州市徐灼佳慈善基金会向从化中学捐赠基金会签字仪式。市政协常委徐灼佳把注册资金 200 万元的广州市徐灼佳慈善基金会一次性捐赠给从化中学，广州市徐灼佳慈善基金会更名为"广东省从化中学教育基金会"。

邓水容会长和邱榕基校长签字，市政协主席谭凯平高度评价徐灼佳的善举，他希望更多的从化中学校友、企业家和其他社会人士能像徐灼佳常委一样，支持从化的教育事业、关心母校的持续发展。同时，他希望从化中学教育基金会不辜负徐灼佳校友的期望，发挥作用，造福学子。

2013 年 4 月 15 日，广东省民政厅发出《关于同意广州市徐灼佳慈善基金会变更名称的批复》，同意广州市徐灼佳慈善基金会变更为“广东省从化中学教育基金会”。

吴颖民校长得知我们建立了教育基金会，专门打电话祝贺。他谈到，在那样短的时间内建立起基金会，很不简单，值得祝贺。尤其是一位校友一次性贡献 200 万元做基金，难能可贵。他说：“你们从化中学的徐校友很了不起，值得称赞。”

雨中探讨“基金会”前景

2013 年 4 月 20 日下午放学后，我与徐灼佳、邓水容一起在流溪河边骑车，突然遇上滂沱大雨，我们三人钻进桥底下避雨。在这狭窄的地方，我们谈起了从化中学教育基金会的前景。徐灼佳谈道：“我们这些钱（一次性捐赠 200 万后，又捐了 10 万元，共 210 万元）捐给母校，看起来很多，其实很少。基金会的钱要大方地使用，使用了才有价值、有意义。有奖励，师生才会有积极性。从化中学教育基金会的前景会很好，会比我原来的基金会发挥更大的作用。基金会留一个理事名额给我方，暂时由邹丽珍秘书参加基金会的管理，以后让徐梁参加，把为教育募捐资金的事交给年轻人去干。”

就在这狭窄的桥底下，我们探讨了财富究竟怎样使用才最有价值，短暂的人生怎样度过才最有意义。

2013 年 5 月 20 日下午，学校举行广东省从化中学教育基金会成立筹备会，参加会议的有徐灼佳、邹丽珍、叶志聪、欧阳建忠、潘俊钢（卓筱冰代替）、胡岸芳（胡海源代替）、谢炳炎、邱榕基、吴羽君、李跃建、邓艺海、王列钳等。徐灼佳在会上真切地说：“很渴望从化中学能有一个教育基金会，我与原基金会理事及家人已经商量好，把原基金会贡献给从化中学。有人认为我们很大方，但我们觉得支持母校、支持教育，很值得！今后我们还会继续支持。从化中学教育基金会成立后，要发挥自主积极性，也要利用好各种优势。我愿意在基金会做终身义工，为基金会做好服务。如果大家同意，我愿意当名誉理事长，从而能有更多的机会为基金会服务。”

慈善事业开花结果

2013年6月27日，徐灼佳到从化中学了解高考情况，惊喜于从化中学高考又获丰收，于是提出奖励方案。7月14日，根据徐灼佳的建议，召开了基金会理事会会议，研究并通过奖励优秀毕业生、优秀毕业班教师方案。

2013年8月15日，广东省从化中学教育基金会第一次为从化籍优秀本科生、硕士生和博士生颁奖，戚力、曾鸣凤、冼志军、黄欣宜、陈柏深、江绍华、徐志获奖。每人5千元，总共3.5万元，全部由徐灼佳支持发放。

2013年12月4日，徐灼佳获“徐灼佳先生向从化中学捐赠基金会”荣誉证书。

2013年12月6日，徐灼佳、邓水容伉俪向从化中学捐赠价值10万元的巨幅画《高山流水》，悬挂在从化中学图书馆二楼的阅览室。

2013年12月26日，徐灼佳与廖一穆到校指导，建议从化中学新年音乐会与教育基金会结合举办，同时也确定了于2014年1月2日在南海食街举行基金筹备晚宴的相关事宜。

2014年1月2日晚，在南海食街御景堂举行由校友黎建平先生、庄达先生赞助的2014新年教育基金慈善音乐会筹备晚宴。晚宴当场认捐基金221.2万元，包括福晟集团（广州云星集团）潘伟明、潘俊钢兄弟100万元；从化市兴利房地产开发有限公司李建中先生30万元；广州嘉骏实业有限公司朱永红先生20万元；广州市德亿投资管理有限公司徐灼佳、邓水容伉俪10万元；正哥餐饮有限公司邝煜民先生10万元；从化新创展房地产开发有限公司邝宇翔、胡岸芳伉俪10万元；广州日炫房地产开发有限公司李煜灵先生10万元；广州市从化粤海水泥粉磨有限公司黎东海先生10万元；广州市从化华隆果菜保鲜有限公司欧阳建忠先生10万元；广州市得田房地产顾问有限公司袁志敏先生5万元；广州市从化南海食街饮食实业有限公司司徒羡先生5万元；广东天凌电梯有限公司李永坚先生1万元；1986届校友巢石养先生0.2万元。

2014年1月8日晚，从化中学在杏坛讲学厅举办新年教育慈善音乐会。音乐会开始前，为捐资人士和为从化中学做出贡献的人士颁发荣誉证书。

自此，徐灼佳建立的基金会在从化中学扎根，开花，结果。

2014 年 1 月 25 日，从化中学学生在风云岭坪地公园的迎春花市上举行书画义卖暨教育基金筹集活动，徐灼佳亲自到现场售卖个人专著，为学弟学妹们加油打气。

2014 年 4 月 17 日，广东省从化中学教育基金会理事换届选举暨第二届第一次会议（第一届为广州市徐灼佳慈善基金会时期，即 2010 年 3 月 5 日至 2014 年 4 月 17 日，邓水容任理事长，邓水容、徐灼佳、邹丽珍、肖桂康、庾桂良等任理事，李玉宜、邱榕基等任名誉理事）。当天参加会议的有徐灼佳、邓水容、邹丽珍、叶志聪、欧阳建忠、潘俊钢（卓筱冰代替）、胡岸芳（胡海源代替）、谢炳炎、邱榕基、吴羽君、李跃建、骆宝祥、邓艺海、刘宁锦、王列钳等。

会议分两个阶段进行，第一阶段为理事换届会议，由徐灼佳理事主持：（一）徐灼佳理事做第一届理事会总结和经济责任专项审计报告；（二）邱榕基校长做第二届理事会筹备工作报告和宣读第二届理事会选举办法；（三）徐灼佳理事提出第二届理事会候选人名单；（四）通过监票人、计票人名单；（五）选举；（六）公布选举结果，选举出基金会理事、秘书长、监事。

会议第二阶段为第二届理事会第一次会议，由邱榕基校长主持：（一）产生理事长、秘书长、名誉理事长，推举邓艺海副校长为理事长，推举王列钳老师为秘书长，推举徐灼佳先生为基金会终身名誉理事长；（二）同意聘请徐灼佳先生为基金会终身义工；（三）讨论并通过基金会章程；（四）理事长邓艺海副校长讲话；（五）邱榕基校长做总结讲话。会后，全体与会者合影留念。

2014 年 7 月 14 日，在从化中学会客厅举行广东省从化中学教育基金会第二届理事会第二次会议。根据徐灼佳先生的建议，会议专题讨论毕业班优秀学生、毕业班突出贡献教师的奖励方案。

2014 年 9 月 5 日，在从化中学会客厅举行广东省从化中学教育基金会第二届理事会第三次会议。根据徐灼佳先生的建议，会议专题讨论非毕业班优秀学生、优秀教师（包括“我喜爱的教师”）、优秀志愿者、优秀音乐生、优秀美术生、优秀体育生的奖励方案。

2014 年 9 月 30 日，广东省从化中学教育基金会在学宫广场隆重举行颁奖大会，全校师生参加。邱榕基校长介绍了基金会创立的艰辛历程，感谢了徐灼佳等校友和社会热心人士的善举，号召全校师生珍惜所获得的奖励，努力拼搏，不负众望，夺取新成绩，再攀新高峰。大会颁发了八大奖项，300余人次获奖，总奖金近30万元。

2015年8月17日，在从化中学音乐楼会议室举行广东省从化中学教育基金会高考颁奖暨资助入读大学仪式，为优秀毕业生和高考成绩优异者每人颁发手提电脑一台，总奖金13万元。黄铁猛先生捐资1.5万元奖励3位考取空军飞行员的学生。徐灼佳先生派出邹丽珍理事等出席仪式。

2015年9月7日，从化中学举行开学典礼暨教育基金颁奖大会。邹丽珍理事代表徐灼佳先生出席大会并颁奖。

2016年1月8日，在从化中学会客厅举行广东省从化中学教育基金会第二届理事会第四次会议。会议主题是讨论通过邓艺海理事长所做的基金会2015年工作总结和2016年工作计划。会议通过了徐灼佳先生提出的关于扩大基金使用面的意见，通过了对优秀班主任的专项奖励方案。晚上，基金会邀请徐灼佳先生、庄达先生、黄铁猛先生、李佐星先生等出席从化中学2016新年慈善音乐会。

每当看到从化中学的学子和教师领到教育基金会的奖金，我都激动不已：一来为从化中学拥有教育基金会而感到幸福和欣慰；二来对徐灼佳等人充满感恩，如果没有他们的义举，没有他们的鼎力资助，从化中学不可能把教育基金会建立起来。我期望从化中学的学生和教师永远铭记，教育基金会的主要创办人徐灼佳——佳叔！

踏上“求仁”征途的现代君子

——与广东从化中学邱榕基校长对话

陶继新

从化中学地处广州市北部山区，是一所有着近百年历史的全日制普通中学，现为广东省国家级示范性普通高中、广东省教学水平优秀学校、中国百所空军招飞优质生源基地等。从化中学连续19年荣获广州市教育教学总评一等奖。同时，从化中学校园内有创办于明清时期的从化学宫、从化县衙遗址等，历史文化资源丰富。近年来，学校借助孔圣殿、古榕树等历史文化积淀，沿着学宫儒学文脉，挖掘校园的人文资源，提出"传承孔子文化，培育现代君子"教育理念，开展"培育现代君子"校本特色课程建设和系列特色教育活动，优化教书育人的人文校园"表情"，净化学生的学习生活"心情"。邱榕基校长心系"仁爱"情怀，着眼"现代"精神，修炼"君子"人格，身体力行，引领全校师生踏上了"求仁"征途。

思想理念决定教育行动——"培育现代君子"的向度

【邱榕基】我在从化中学读书工作近30年，做校长也有10多年了，在当前教育形势下，我们不仅关注高考、中考成绩，更关注学生核心素养和生活能力的培养，特别是关注学生的文明教育程度，即如何让学生适应时代发展以及怎样培养学生的现代社会核心价值观。于是，根据我校文化历史演进的实际，我们提出了"传承孔子文化，培育现代君子"的教育理念。

【陶继新】这个理念提得好！在《论语》中，孔子从不同侧面谈了君子人格的问题，直到今天，仍然具有积极意义。正是因为数千年来中国优秀传统文化的不断继承，才有了中华文化的生生不息。不过，这并不是说不再需要创新，不再需要变化，恰恰相反，而应"苟日新，日日新，又日新"。今天的君子，除了继承古代君子的相关品质外，还应烙印上现代的特点。所以，"培育现代君子"就有了与时俱进的况味。

【邱榕基】生活富裕了，不等于文明素养提高了。在国外，中国游客常常被认为"没素质"；在国内，一些国民在一些公众场合也常出现不和谐的行为。这令我更注重提升学生的文明素质。我们提出培育现代君子，在沿用古代"君子"含义的同时，又赋予其新内容。我们的现代君子具备以下三个特点：一是具有仁爱之心，爱他人，爱自己，爱自然，对事情、对他人多宽恕，多理解，多欣赏；二是具有时代理念，即理解并践行社会主义核心价值观的"富强、民主、文明、和谐，自由、平等、公正、法治，爱国、敬业、诚信、友爱"；三是文明言行，不说让别人感觉不舒服的话，不做别人不喜欢的事，不给别人添麻烦，不给社会添乱子。

【陶继新】孔子说"仁者爱人"，所以要"己欲立而立人，己欲达而达人"，这是一种高层境界。在此基础上，您提出还要爱自己，这是极其重要的，爱自己的意义更多的是要有人格尊严，要有发展意识，要真正做到“修己以敬”，不然就无法“修己以安人”“修己以安百姓”。爱自然在当下尤其重要，人是生存于自然之中的，对自然的爱与敬畏也是对包括人类在内的生命的爱与敬畏。“对事情、对他人多宽恕，多理解”也可以从孔子的思想中找到依据，如“己所不欲，勿施于人”“君子求诸己”“君子有诸己，而后求诸人；无诸己，而后非诸人”等。现代理念中的“爱国、敬业、诚信、友爱”等，也是与中国优秀传统文化一脉相承的，比如，《学记》就提出学生要“敬业乐群”。孔子则说：“人而无信，不知其可也。”《中庸》中谈诚信的内容特别多，比如“诚者，天之道也；诚之者，人之道也”，甚至说“不诚无物”“至诚如神”。文明言行，是对现代君子的要求，也是古代君子的必备品质。《周易》说：“言行，君子之枢机。枢机之发，荣辱之主也。言行，君子之所以动天地也，可不慎乎？”由此可见，传承孔子文化与培育现代君子有其内在的联系啊！

【邱榕基】在我们校园里，有一块“仁爱”石，“仁爱”两个字是从化籍中国科学院院士、南开大学教授申泮文题写的。有人跟我说，扛“仁爱”这面旗，压力太大了吧，是否合时宜？我也时时在想：在现实中，守德者亏，强暴者赢，我们培育的学生太过文明规矩，以后走入社会，在残酷的市场竞争中会不会缺乏实力？如果缺乏实力，就算是现代君子又有什么意义？但事实上，现代君子的培育并不影响学生创造力和社会适应能力的培养。相反，君子素养的培育，正是提升当代学生核心素养所不能或缺的。现代君子，是一种人格追求，是一种内心信念，同时也是一种社会日常行为要求，并不与时代接班人的培养要求相矛盾。

【陶继新】现实中确实有“守德者亏，强暴者赢”的案例，可是，它不是全部，更不代表未来。我深信《周易》上说的一句话：“积善之家，必有余庆；积不善之家，必有余殃。”纵观历史，我们就会发现：那些仁爱善良者，也许当下吃了亏，可若干年后，它往往会变成一笔精神财富。而强暴者呢，也许当下一时得逞，可若干年后，多吃大亏。这就是生命规则，任何人都无法逃出这个规则。

再说仁爱与创造，二者绝不是一对矛盾体。古今中外成大事者，极少有不仁爱者。因为仁爱者会“得道者多助”，不仁爱者会“失道者寡助”，诚所谓“道善则得之，不善则失之矣”。一个人本事再大，如果得不到他人的认可与帮助，也很难成就大业。况且，有了仁爱之心，心中便少了杂念，从而拥有一颗自由的心灵，而自由心灵恰恰是创造必备的要素。

【邱榕基】我们学校高中毕业班办学综合评价成绩连续 19 年荣获广州市一等奖，在广州市 120 多所高中学校中基本年年排在前 10 名。我校还是中国空军百所优质生源学校之一。每年高考结束后，高三学生都会自觉做好几件事：一是将还有价值的备考资料赠送给学校团委，以转给学弟学妹；二是搞好卫生，把最干净的教室和最干净的宿舍还给母校；三是写好寄语，在教室黑板上写下对学弟学妹的美好祝福，在走廊板报中写下对母校的祝愿。学校从没发生过毕业生撕书乱扔、破坏公物、对教师不敬的事。每次看到他们以这种状态离校，我都很感动。单看这一点，我认为我们的教育是成功的，这也让我们更有信心进行现代君子的培育。我校建立了教育基金会，捐赠 200 万元启动基金的是校友徐灼佳（之前他已先后捐资 80 万元作为奖学金）。徐灼佳说：“君子取财有道，用财也要有道，而支持教育就是最大的道。”他说了几点：一是人一定要做善事，做善事就是去帮助别人；二是善事要在生前做，有能力时做；三是不要把财产作为遗产，要让财产发挥它的作用；四是做善事一定要高兴，不高兴就不要做；五是应该养育儿女，但不应该养育孙辈，养育孙辈是儿女的事……徐灼佳的思想和行动在当地影响不小，如今，校友们为学校尽心出力已蔚然成风。如郑克和、朱树昌先生捐建了棂星门、泮池桥，黄铁猛先生捐建了“礼门义路”石牌坊，潘志权先生捐赠了 2 棵大凤凰树和 36 棵阴香树，1984 届校友捐赠了 2 棵大罗汉松树，1985 届校友捐资复建了清代“乡约亭”，1992 届校友捐赠了雷锋铜像等。1989 届校友是我的第一届学生，每次聚会，他们都会集中一些经费，去老人院慰问，去山区看望贫困孩子。最让人感动的是，10 多年来，他们坚持每年中秋节回母校慰问贫困学生，每次都会多送一盒月饼给贫困学生，作为这些学生送给长辈的礼物，旨在培育他们从小敬老的良好品质。

【陶继新】一所学校品质的高低，固然与升学率有关，但更为重要的是学生的人格品质。最能凸显其人格品质的不是学生在校学习期间的表现，而是离校之际与离校之后的表现。那种高考过后学生撕书制造“天女散花”景象的学校，实施的肯定不是素质教育。你们学校的学生毕业离校之前做的这几件事，不仅为学弟学妹留下了良好的印象，也为他们的高中生活画上了圆满的句号。而且，这种品质会一直延伸，在大学里，到社会上，他们还会因为人格的高尚而受到人们的赞誉，进而有了立身之本。校友徐灼佳便是一个典型，他所说的用财有道与如何做善事，对当下的人们是一个很好的启示。做善事不是施舍于人，而是在为自己的人格增值；做善事不是为了出名，而应当如老子所说“善行无辙迹”。有了功利目的，做善事就会变味。做善事还要因人施善，施错对象，也不是真正的做善事。

点滴细节锻造学生心灵——“培育现代君子”的纯度

【邱榕基】我们把培育现代君子，作为长久的持续的工作去做，不求一蹴而就。我们主要从以下几个方面努力：一是构建良好环境，包括精神家园——校长的领头作用、教师的以身作则、学生的和谐相处、家长的积极配合、校友的主动参与、社会的认可理解等；文化环境——保护古树，修复孔庙，恢复棂星门、泮池，建设合一亭、君子亭，建设东西方文化长廊等，让每一件事物都成为学校宣扬优秀传统文化的重要载体。二是开设以儒学文化为代表的特色课程。三是开展系列活动，如 9 月 1 日小学开笔礼、9 月 28 日祭孔活动、国学社活动、现代君子评选等。“培育现代君子”这一课题已成为广州市重点立项课题，得到上级部门的大力支持，其影响力在逐年扩大。

【陶继新】之所以要长久持续地培育现代君子，是因为君子修身是一生之事，而非一时之功。孔子说：“无欲速，无见小利；欲速则不达，见小利则大事不成。”持续非常重要，速成是绝对不行的。荀子说：“蓬生麻中，不扶自直；白沙在涅，与之俱黑。”人文环境的构建也很重要，对学生的影响很大。你们所营造的这些人文环境，会让学生在“随风潜入夜，润物细无声”中逐渐走进君子人格的“领地”里。

【邱榕基】在我们的校园，有许多旧石磨，有大有小，最大的几吨，最小的几千克。这些石磨时刻提醒我们：凡事都有一个磨合过程，都有其发展规律。办学不能急功近利，育人不能急于求成，要有长远眼光，放平心态，爱护学生，静待花开，这才是教育情怀。我的办公室里有一幅画，上面有一段陶行知先生的话：“国家把整个的学校交给你，要你用整个的心去做整个的校长。”这段话一直激励着我。2015 年，广州市开展“好教育”“好学校”讨论活动，我提出：好学校首先要有好校长。所谓好校长，就是爱校园、爱教师、爱学生的校长。爱校园，就是要爱学校的历史，爱学校的一草一木、一砖一瓦，深挖学校潜力，找出学校特色，带领师生朝着特色前进，并留下丰富的物质财富和精神财富，为学校的发展提供持久的动力。爱教师，就是要了解教师、尊重教师、关心教师、帮助教师、激励教师，把教师的冷暖放在心上，尽心帮助他们解决工作、家庭中的种种困难，让他们全身心投入育人工作中。爱学生,就是要把每一个学生都当自己的孩子看待，关爱他们，主动融入他们，多与他们沟通。我校的学生基本上都有我的电话号码和邮箱，有什么事情都可以第一时间直接联系我，我已和他们成为很好的朋友。

【陶继新】同意您所说的好校长的标准：爱校园、爱教师、爱学生。我还记得您为了保护校园里古老的参天大树等所做的努力，您认为它们是绝对不能动的，它们诉说着学校的兴衰起伏，它们见证了学校的发展历史，能让人从中感受到一种独特的精神品质。

教师情绪与精神的优劣不但决定着他们的身体是否健康，更影响着其工作的质量。校长的理解、尊重、关心与鼓励，会让他们体会到来自学校领导的人文关怀，从而自觉步入“不令而行”的积极工作状态之中。有了优质的工作状态，不但会收获优质的教育教学质量，教师本人也会获得发展。当越来越多的教师获得发展后，学校就拥有了更强的发展力。

您对学生的爱让人动容，不但让学生可以在第一时间联系到您，您还会帮助他们解决问题。如此心有学生、真爱学生，学生也会心有校长、真爱校长。

作为校长，您在爱校园、爱教师与爱学生的时候，也已经被爱包围了。虽然很忙，但也享受着幸福。

【邱榕基】2008 年 6 月 7 日高考第一天，上午 6：50，一个女生站在走廊哭泣，另一个女生在劝她。女生见到我，哭得更伤心了。我蹲下来，问其缘由。她说今天要参加高考，自己昨晚却没睡好，现在脑子一片空白。我对她说：“先别哭，我问你 3 个问题好吗？”她说：“好。”我问：“昨晚休息铃响后，你在床上是坐着还是躺着的？”她说：“躺着。”我又问：“你躺着的时候是睁着眼还是闭着眼的？”她答：“闭着眼。”我再问：“今天早上起床你睁开眼睛时很吃力还是很自然？”她答：“很自然。”我笑着对她说：“同学，你昨晚不是睡得很好吗？你只不过是太紧张了，觉得自己没睡好而已，放心去考，一定能考好。”听完我的话，她高高兴兴考试去了。那次考试，她超水平发挥，上了重点线。做校长要时刻在学生身边，做学生成长中的贵人。培育现代君子，首先要从校长自己做起，从一点一滴的小事做起。

【陶继新】您真令我佩服，不但关心学生，而且很有智慧。看来，要想做学生成长中的贵人，自己首先要对得起“贵人”这个称号，既要是君子，还要能帮助学生解决问题。也许有人认为这只是一件小事，可是，诚如老子所说：“天下难事，必作于易，天下大事，必作于细。”因为正是这一件又一件的易事、小事，才积聚成了难事、大事。而且，这些所谓的易事、小事，放到一个学生身上，就是难事、大事。什么是君子？孔子在不同的场合针对不同的人有不同的解说，究其实质，就是要心中有人，心中有爱。一个心有师生、心爱师生的校长，不正具备了君子品格吗？

【邱榕基】我总这样鞭策自己：要想让群众把你放在台上，你就要把群众放在心上。曾任清华大学校长的梅贻琦先生说过：“我这个大学校长是帮教授搬凳子的。”办教育，育君子，单靠校长一人很难完成，要靠全体教职工的共同努力。2007年，从湖南携妻带子过来任教的语文学科组组长柳老师身体不舒服，到广州医院检查，诊断是骨癌晚期，生命只有3～4周了。他们来从化工作的时间还不是很长，举目无亲，妻子又无工作，听到这消息如晴天霹雳。我赶到医院，握着柳老师的手说：“不要紧，在从化中学这个大家庭，有300多位教师、4000多名学生做您的家人，做您的后盾，一切都是小事，一切问题都可以解决。”随后，我派了一名工会干部专职为他提供帮助，可随时调用校车，还给他妻子安排了适当的工作，解决了小孩上学的问题，让他安心治疗。手术后，学校专门为他安排了宿舍，并装上空调、防蚊纱窗，还发动教师为他捐款10多万元，干部们轮流去看望他。我每周必去看望一次，每次出差必带一些特产给他。在多方照顾下，他的生命延续了5年。学校对教师，特别是外来教师的关爱，其他教师是看在眼里、记在心里的。他们也在用行动去关心学生、关心其他教师，在无声地传送大爱，传播君子人格最核心的“仁爱”。

【陶继新】真是感人！如此关心教师，没有大爱之心，是绝对办不到的。有的校长在教师有病的时候也会去看望，但多是去一次应付一下就完事。任何校长，如果不是真的关心教师，即使说得天花乱坠，教师也会一眼看穿，并对其嗤之以鼻。相反，您没有多说什么，只有行动，不但一次又一次地去看望，更有对其各方面的关照，解决了其妻子工作与孩子上学的问题。我想，这会让柳老师及其全家人感动万分。同时，全校教师也都看在眼里、记在心里了。可以说，柳老师的骨癌诊断出来的那一刻，就断定了他不可能再为学校做出多少贡献了。可是，您与学校还如此不遗余力地关心他，帮助他。这种人道主义关怀，因为剔除了功利，而闪烁出耀眼的光芒。这样的关怀，才更能让教师们看到一个校长的精神与感情的可贵。教师们会心怀感激的。

【邱榕基】育君子，在课堂。只有好的课堂才能育出君子。我特别喜欢听课，这并不是要给教师压力，也不是好为人师，而是希望与教师、学生一起分享课堂上的快乐。在教师大会上，对于好课，我会大力推介点赞；对于课堂上存在的问题，只稍作提醒，绝不针对个人。教师们听到的基本上都是表扬的、肯定的。有问题，我会私下与教师交谈，听他们的想法。一些重要的问题，我也会严厉指出，特别是对中青年教师，尤其是骨干教师，要求更是严格。一次，我去听一位已有 3 年教龄的教师给高一学生上课。私下交流时，我说："你这节课的水平还比不上市场卖菜阿婆的水平，阿婆卖菜都会推介自己的产品。这节课对学生来说，教师是新的、课程是新的、环境是新的，为什么你不去推销自己、推销课程、推销课程与生活的关系？这是拉近师生距离最重要的第一课！"这位教师点点头，明白了。我曾到高二听一节语文课，讲的是李密的《陈情表》。教师很认真地逐字逐句讲解，思路也较清晰。她告诉我这篇课文要用 4 个课时完成。我和她说，要是我上，第一节课诵读全文，突破字词，背诵重要段落；第二节课分两个队做辩论准备：一个是李密队——一定要回老家见祖母；一个是皇上队——不让李密回老家，要求理清课文逻辑，提出充足理由说服对方；第三节课进行辩论，决出胜负；第四节课选当前重要时政或生活热点做选题辩论。4 节课下来，突破字词句，理清课文逻辑，提升运用能力都兼顾了，还有什么考试不能应对？

【陶继新】您听课之后的评课很有艺术性，表扬公开讲，批评私下说，对于课堂上存在的问题，关门细谈。由于您之所谈在情在理，又在私下进行，对方也会感激不已，并且会省检自身，进而“其不善者而改之”。特别欣赏您对教学《陈情表》一课的建议，如果不是对教科书有深入的理解、不是对学情有准确的把握，是不可能谈得如此犀利而又具高屋建瓴之势的。这让我想起了人们常说的校长的话语权问题。几乎每一个校长都希望自己所言得到教师的认可与响应，可是，如果没有一定的教育智慧，没有对教学内容及教情与学情的了解，即使所言声色俱厉，也不可能让教师心服口服。而您之所谈，并不需要声嘶力竭，却会深入到教师心里，从而形成真正意义上的话语权。

【邱榕基】2011 年 2 月我到美国学习，看到了翠绿的森林、车水马龙的高速公路、繁华的都市、静谧的村庄、现代的高楼、文明的人群、干净无比的校园，而最突出的是美国国旗。美国政府机关的大楼、机场、港口码头、旅游景点、高大的建筑物上、店铺门前，甚至私人别墅前，到处都飘扬着美国国旗。美国的学校，除了门前有国旗外，教室、图书馆、实验室、体育馆都挂有国旗。每天上午 9 点多，学校会组织师生面向国旗宣誓，庄重严肃。我们观看冰球大赛、参加田纳西乡村音乐晚会时，发现他们也会在第一时间起立面向国旗宣誓，同时向美国退伍军人致敬，动作是那样整齐，神情是那样庄重。可见，国旗、国家在每一个美国人心中是多么重要，军人在他们的心中是多么高大，美国的国民是多么同心、团结，美国的爱国教育是多么实在、有效。听美国人介绍，首都华盛顿哥伦比亚特区有一座国家公墓，是专门安葬为美国利益而牺牲的人的。为美国利益而牺牲的哪怕是外国人也可以安葬在那里，但不是直接为美国利益而死去的，哪怕是总统，也不能安葬在那里。“国家利益高于一切”“为美国利益而牺牲的英雄是崇高的”这些思想观念，我想早就已经根植在每个美国公民的心中了。爱国主义教育、爱国情怀教育，光靠喊几句口号、挂几个牌子是不会有效的。教育是一个大概念，尤其是思想教育，要靠机制、靠社会环境、靠政府、靠家庭还有学校的引导。在爱国主义教育这方面，我们还有许多事要做。我校修缮孔庙，扩建学宫广场，建设博物馆，设立亭子群，建造东西方文化长廊，以一种呈现历史文化的方式不断地进行历史教育、国情教育、爱国主义教育。

【陶继新】您在美国的所见所闻所感令人感慨不已，这让我想到，爱国主义教育需要课程与教科书，可是，那只是一个方面，除此之外，还需要环境的浸染。美国的爱国主义教育就有一个很好的环境，长期浸染其中，不可能不受到感染。久而久之，爱国主义情感就会定格在每个公民的心里。此外，仪式也很重要，中国古代的大型活动，包括婚丧嫁娶，都有相应的仪式。这虽然只是一种形式，可是在特定场合中，有了这个仪式，心也会随之走入。你们修缮孔庙等，不只是对中国传统文化的敬畏与传承，也有爱国的情结在。你们学校想方设法构建爱国主义教育的环境，从而让师生于无声处受到了爱国主义教育。

【邱榕基】我跟教师们讲过一件事：一次，我和工会的干部到医院看望住院的老教师，当班的两位年轻医生说他们是从化中学毕业的，和我们简单打了招呼之后就走了。过了一会儿，我到他们办公室找他们聊天，一方面了解他们的工作情况，另一方面希望他们关照一下住院的老教师。我对他们说："教师年轻时培育你们，现在年纪大了，身体不太好，希望你们为他多做点事，这样才会让他感到欣慰。"两人听后，表示一定会照顾好老教师。住院的老教师出院后告诉我，那里的医生对他特别好。

我对教师们说，这件事不能怪这两个医生没礼貌，应该怪我们教师没教好。试问：有多少教师会时时注意学生的行为，有多少教师会主动问候学生？有多少教师在学生问候自己时常表现得毫不在乎？你要学生日后怎样对你，你今天就要怎样对学生。

【陶继新】学生尊敬教师，感恩教师，当在情理之中。当年孔子逝世之后，他的弟子为他守孝三年，子贡甚至守孝六年。尊师重教，令人感动！师生感情，何其深也！为什么会如此呢？一是孔子德高望重，是一位真正意义上的为人师表者，学生对他有一种"仰之弥高，钻之弥坚，瞻之在前，忽焉在后"的敬仰感；二是孔子对其弟子也是爱之弥深的，不然，学生不可能在他逝世之后还会这样对待他。所以，您的分析很有道理："你要学生日后怎样对你，你今天就要怎样对学生。"任何师生之爱，都是相互的。在我采访的名师中，无一例外地谈到学生对他们的敬仰与爱戴，以及他们由此产生的难以言表的自豪感。学生之所以对教师敬仰与爱戴，是因为他们对学生也付出了关爱。您抓住到医院看望老教师这个契机，让已经在医院工作的学生关心住院的教师，是您心有教师；而您希望现在的教师从中悟出关心学生的道理，则是心有学生。校长心有教师与学生，教师与学生也一定会心有校长的。

校园“表情”体现人文环境课程——“培育现代君子”的“温度”

【邱榕基】孔庙后面有座明伦堂，是祭拜活动前做准备的地方，也是学子求学的地方。我请著名书法家李伟在明伦堂门前写了一副“学以致道致尧舜禹汤文武周公孔子之道，堂曰明伦明君臣父子兄弟夫妇朋友之伦”的对联。进入明伦堂，就会看见“书香绵远”四个大字，小字落款是“纪念办学五百一十年，公元二〇〇五年孟秋”。也就是说，在我任校长之前，这里办学已经有 500 多年历史了。明弘治八年（1495 年）后，这里既是学宫又是学堂，开始正式招生办学。我看过从化的历史，这里曾经出过 18 位文武进士，57 位举人，数千名秀才。近代还出现了很多优秀的人物，如谢瀛洲、李务滋、陆炜等。

【陶继新】说从化中学“书香绵远”，可谓名副其实！从这里走出的诸多优秀人才，筑就了学校丰富的精神殿堂。其实，每一个优秀人才都有与之相关的优秀故事，这些故事文脉相传，造就了从化中学的不凡。正因为有了薪火相传的学校文化，才有了从化中学 500 多年不朽的神话。从这个意义上来说，您在这里当教师，当校长，当是一种幸福，也是一种文化担当。在交流中，我感到您是一位有情怀、有文化的校长。您接过前任的接力棒，开始新的征程，为从化中学的文化长廊再添色彩。曾子说：“士不可以不弘毅，任重而道远。仁以为己任，不亦重乎？”我还想说一句：“仁以为己任，不亦有意义乎？”

【邱榕基】学校于 2008 年建造观川亭，灰色瓦面，6 根红柱子，古色古香。观川亭正对孔子庙，其名称有三个含义：

第一个含义是“惜时如金”。“子在川上曰：逝者如斯夫，不舍昼夜。”希望学生珍惜时光，消逝的时光如同流逝的水，一去不复返，不要浪费光阴，要珍惜青春年华，日有所获，月有所进。

第二个含义是“上善若水”。孔子见到大河必驻足观看，学生子贡问：“老师，您每每见到大河，非停下来看一会儿不可，这是为什么呢？”孔子略加思考，说：“夫水，偏与诸生而无为也，似德。其流也埤下，裾拘必循其理，似义。其洸洸乎不淈尽，似道。若有决行之，其应佚若声响，其赴百仞之谷不惧，似勇。主量必平，似法。盈不求概，似正。淖约微达，似察。以出以入，以就鲜洁，似善化。其万折也必东，似志。是故君子见大水必观焉。”

意思是：那流水，滋养着万物却看似无为，就好像德操。它流向低处，弯弯曲曲，却遵循着一定的规律，就好像义。它浩浩荡荡，奔流不息，没有穷尽，就好像道。掘开堵塞，使它通行，它就随之咆哮奔腾着向前，即使百丈深谷也不怕，就好像勇。它注入量器时一定很平，就好像法。若充满某个空间，就不留一点儿缺漏，就好像正。它柔弱细小，无微不至，仿佛明察秋毫。各种东西在水里淘洗，就会变得洁净、鲜美，就好像善于教化。它虽百转千回，却始终坚定地向东流淌，就好像意志。所以，君子看见大河就要驻足观赏。孔子说，做人所需的很多品格，从水里面就可以知道。观川亭，就是让学生想到做人应该具有怎样的品质。

第三个含义是“审时度势”。“川”字解释为“河流”或解释为“历史发展的长河”。青少年正处于人生成长的重要时期，要正确认识历史发展的规律，要顺时势发展而发展，不能逆历史潮流而动。我们的人生目标、人生理想，都要跟世界的潮流及国家的命运紧密结合在一起。今天，我们要把个人追求与中国的“两个一百年”结合在一起。到建党一百年时，使国民经济更加发展，各项制度更加完善；到世纪中叶建国一百年时，基本实现现代化，建成富强民主文明的社会主义国家。这些目标的实现，需要一代一代青年人的努力奋斗。每每看到这个亭子，我就会想想我们的人生目标，想想我们的理想追求，想想我们每天应该做些什么。

【陶继新】“观川亭”的要义被您解说得真好！是的，物质形态的东西是有其独特内涵的。“惜时如金”之义对于学生来说十分重要。孔子站在河边看着河水一去不复返，感慨万千地说了这段经典之语。其实，他感慨的不只是流水，还有时光的流逝；再深一层说，还不止时光的流逝，还有生命的流逝。可以说，这是对生命的咏叹调。他告诫人们，要好好珍惜。当时光与生命流逝的时候，如果庸庸碌碌，一事无成，生命就真的流走了；当时光与生命流逝的时候，能不断提升人生境界与文化品位，生命就有了独特的意义。

关于“上善若水”，孔子还说过这样一句话：“智者乐水。”水是流动不居的，它有智者的特征。而且，“智者不惑”。世界纷繁万象，人生扑朔迷离，能够做到“不惑”，当是一种大境界。老子在《道德经》中说道：“上善若水。水善利万物而不争，处众人之所恶，故几于道。”他认为，水因为不争，处在下位，所以接近“道”了。他又说：“夫唯不争，故天下莫能与之争。”现在有些人争名誉、争地位、争金钱等，到头来多以失败告终。如果像水那样不争的话，反而无人能与之争。所以，要想成为现代君子，就要“淡泊以明志，宁静以致远”。

能够做到“审时度势”时，也就有了发展的目标与方向。历史如河流，人只是这河流中的一个细流。可是，是奔向大海，还是随波逐流于污浊，是两种完全不同的生命走向。当今的风华少年，能否担当起历史的重任，并在历史的长河中发出耀眼的光芒？这应当成为每个学子对自己人生的一种哲学追问。

【邱榕基】校友亭原建于办公楼的右面，是1966届校友庄达于1991年捐资兴建的，校友亭牌匾是由德高望重的陈嘉仕老校长题写的，字苍劲有力。2002年，因实验楼建设的需要，校友亭被拆掉，我们把陈嘉仕老校长题写的“端庄通达”牌匾留了下来，在2008又择地重建了校友亭。校友亭中间是一个圆门，后面种有竹子，寓意清静和节节高。亭子两边分别是《清清流溪河》《巍巍风云岭》两幅木雕画，是学校邓鉴深老师雕刻的，把从化中学的山水环境表现得清晰准确。校友亭还有两副对联：一副古对联是1990届校友吕惠明书写的“谁言寸草心，报得三春晖”，一副新对联是校友李发深写的“校友情深谊自远，亭园景雅梦常回”。校友亭是学生流连忘返的地方。

【陶继新】这些校友太令人敬佩了！我不但敬佩他们对从化中学的感情与怀念，还敬佩他们的文品。他们所撰写的文辞，不但彰显了文化的魅力，更有一份牵挂与期待。他们因为就读于从化中学而自豪，从化中学也因他们走向成功而骄傲。

【邱榕基】君子亭建于2012年，是1982届校友在毕业30周年聚会时集体捐资兴建的。有4根方柱子，整个建筑方方正正，寓意君子要堂堂正正。君子亭有一副对联：天行健，君子以自强不息；地势坤，君子以厚德载物。这副对联是1990届校友吕惠明书写的。亭子上方的“江山气度，风月情怀”是1985届校友吕惠聪书写的。1982届校友对学校的贡献还是挺大的，除了这个亭子外，他们还在 2006 年捐资建造了陶行知雕像和《爱满天下》壁画，放在图书馆大堂。学校建立教育基金会，原始资金 200 万元是由这届校友徐灼佳、邓水容伉俪捐出。此外，校友潘伟明、潘俊钢捐资 100 万元，校友邝郁民捐资 10 万元，其他的校友也给予了极大的帮助。我们学校的教育理念是“传承孔子文化，培育现代君子”，于是专门建了君子亭，希望我们的学生、校友，都能成为既有传统君子的品质，又有现代核心素养的社会主义人才。

【陶继新】君子亭建得好，对联也好。“天行健，君子以自强不息”与“地势坤，君子以厚德载物”来自《周易》，从乾、坤两卦的不同层面昭示了君子的风范。“江山气度，风月情怀”系宋代哲学家邵雍诗作中的名句。有人说，邵雍是明白了天地的运动变化规律、阴阳消长规律的大师。学生读他的诗句后，可能会去研究他，进而增长人生智慧。看来，这些校友不只是为母校捐助了钱财，还将中国传统文化中的精神气质留给了母校，从而让学弟学妹们能够在先贤圣达的思想引领下，拥有美好的人生。

【邱榕基】敬师亭是 1990 届校友邝宇翔、胡岸芳伉俪在 2008 年捐资 10 万元兴建的。这个亭子比一般亭子要高，台座也比一般亭子的高。有些人不明白其含义，我告诉他们：“敬师，一定是仰视，抬头看，有敬佩心。”亭子上面还有一块匾，写着“仰之弥高”。这句话来自颜回颂扬孔子的一段话：“仰之弥高，钻之弥坚，瞻之在前，忽焉在后！夫子循循然善诱人，博我以文，约我以礼，欲罢不能。”我认为这段话是赞赏孔子的话语中最有水平、最精彩的。我们把这段话刻在学校孔子塑像的背后。亭子下面还设了 4 张凳子，方便师生和客人使用。在亭子中的地面上，刻有一张八卦图，里面的内容有两个，一个是二十四节气，一个是东南西北方位，旨在告诉学生无论何时何地，我们都应该尊敬教师，也就是说，对教师的敬仰、对母校的怀念是永恒的。

【陶继新】是的，孔子最欣赏的弟子是颜回，如果他逝世于孔子之后，也一定会与子贡一样，为孔子守孝六年甚至更长时间。颜回之高格，特别令人敬仰。孔子的核心思想是“仁”，能达到“仁”这个境界的，孔子认为只有颜回一人。孔子称赞颜回说：“贤哉，回也！一箪食，一瓢饮，在陋巷。人不堪其忧，回也不改其乐。贤哉，回也！”看看，颜回即使处于那么贫困的境况，也没有改变乐观的态度。因为他从孔子那里学到的不只是知识，更有“志于道”的精神。所以，有了“孔颜乐处”之说。颜回的这种快乐与境界，恰恰是教师们应当追求的，也是学生们应当追求的。有了“求仁而得仁”的思想追求，就会拥有乐而忘忧的情怀。

【邱榕基】合一亭是1989届校友捐资建造的。这一届是我登上讲坛的第一届学生，毕业30年了，好多学生的名字、性格特点我还记得，我对他们特别有感情。亭子的顶是圆形的，有4根圆柱，寓意天圆地方，天人合一。圆顶绘有天体星空图。这星空图与秋分那天的星空对应，由美术教师李嘉俊设计并绘制,用了整整一个暑假的时间。亭子的地面上有一幅太极图，黑白相间，寓意世间是不断转换、不断变化发展的。合一亭寓意天人合一，人与自然合一、人与社会合一、人的言行合一、教学做合一等，蕴含丰富哲理，给人深刻启发。合一亭，也可以作为纪念亭。2007年原校区与从化第八中学通过中间运动场联合成一个校园，扩大了校园面积。其实，在20世纪50年代，从化第八中学所在的位置就属于从化中学，这一年实现了真正意义上的统一。

【陶继新】您对合一亭的寓意解说得言简意赅。天人合一等提法古已有之，可以说是中国人特有的智慧，是一种极高的境界。而您所说的言行合一太重要了，从王阳明到陶行知，都对此做过精辟的论述，已成为做人的一项重要原则。对于教师来说，更要言行合一。只说不做，或说得多做得少，都不可能成为真正意义上的优秀教师。所以，就有了为人师表之说。而教学做合一同样重要，所以有专家将“讲座”称为“讲做”。不管是教师之讲，还是学生之学，都要与做联系起来，如此才能让讲与学具有意义。

【邱榕基】在学校“树门”的右边，有一座相聚亭。亭子坐西北向东南，与校内的明代学宫坐向一致，周围大树参天，绿树成荫，处在学校主道和田径运动场旁，风景优美。亭子高6米，总占地面积16平方米。

这座亭子是1995届校友在高中毕业20周年聚会时捐资兴建的。亭子以“相聚”为主题，选用了宋代晏殊所写的《浣溪沙》中的一句“无可奈何花落去，似曾相识燕归来”做对联。寓意时光不可再来，人生似流水，一切都不可复归。同窗之友，何尝不是这样？中学欢乐的时光已经逝去，每个人都要珍惜眼前事、眼前人。中学时代总令人难以忘怀，母校的温暖总让人魂牵梦萦，总想回母校见见教师、看看同学、逛逛校园。你会发现，虽时过境迁、物是人非，但师生和同窗的情谊依然在，共同的梦想会使你不由自主地如燕子般回归似曾相识之地、去见似曾相识之人，这何尝不是人生之幸事？“他日再约相聚亭，从此情感照心灵。”

据从化志载，在相聚亭西北面，明清时期曾经建有文昌宫，于是我们在亭子背面横梁上刻了“文昌”二字，并刻上对联“文星照耀人才济济，昌盛光华俊士彬彬”，祈盼学校文化灿烂、人才辈出，因而这个亭子又称“文昌亭”。亭子横梁内侧依照东南西北方向刻有“迎曦”“承熏”“镇远”“拱辰”。这四个名称是明清时期从化古县城四个门楼的名字，借以说明从化中学处于古城核心位置。明弘治六年（1493 年）县署迁入从化中学所在地至 1956 年县人民政府迁出，将近 470 年的时间，这块地方一直是从化政治、经济、文化、教育的中心，同时也是历代从化学子读书求学的风水宝地。

相聚亭是校友们聚会的纪念，更是文化聚集之地，随着岁月流逝将呈现出独特的色彩和魅力。

【陶继新】相聚亭虽然只是一个亭子，可因处在具有丰厚底蕴的从化中学，便有了独特内涵与文化要义。相聚，有上学时同窗契友数年的相聚之义，也有离校若干年之后的短暂相聚之义。于是,它就自然而然地让人产生联想，上学的时候，恰同学少年，风华正茂，尽管学习成绩有优劣之别，但学生还是学生，其品位与地位相差并不太大。可是，当若干年后他们再在从化中学相聚，则有了很大的不同，甚至是天壤之别。何以如此？有机遇原因，但更多的则与各自的努力息息相关。对于那些成功人士，究其成功原因，则源于其持久的奋斗与追索。所以，相聚亭以无语的姿态告诉当下的学子，唯有努力，才能拥有美好的未来。不然，你辜负的不只是教师的栽培，还有家长的期望，更重要的是，你辜负了自己的生命。其实，任何生命都可以拥有绚丽的前景，但如果不努力，前景必然会黯淡无光。

相聚亭又名“文昌亭”，也是很有深义的。古时认为文昌星是主持文运功名的星宿。望亭而想，必须读书，尤其是诵读经典，它会让学生的心灵更强大，甚至会为学生创设一个不被名利干扰、不为物欲左右的心灵殿堂，让学生在面对挫折时能一往无前，最终到达理想的彼岸。

【邱榕基】知书亭，位于西区女生宿舍院内，2009 年建造。六根柱子，黄色瓦面，高雅洁净。亭子上有一副对联“崇广府千年道统，接学宫一脉书香”。这副对联来自广州中山图书馆，我觉得这副对联放在这里，把儒家文化、广府文化较好地结合在了一起。每天早上6点左右，就有学生在这里朗读了。知书亭，寓意女生既要识礼也要读书。

【陶继新】这副对联放在知书亭可谓恰到好处！女孩应当具有淑女风范，知书达礼。现代女孩，更不应当违礼而行。看看那些发达国家有知识、有教养的女士，几乎个个知书识礼，更何况具有数千年文明史的中国了！所以，这个知书亭虽然无语，却在提醒女生，好好读书，做一个有品位的现代文明人。

【邱榕基】在两棵榕树下，有一条古麻石铺成的“状元路”，说起这些古麻石的来历，还有个故事。自从化中学的正门出去，是一条古街道，叫迎春街，习惯上称“市头街”。“市头”是“老板”的意思，就是老板一条街，也是县衙门前一条街，是旧时达官贵人进出的地方，相当热闹。路也铺了直排式两条麻石，走了两三百年，走出了脚印，留下了历史的痕迹。这条路东面的麻石路在20世纪80年代因下水道改造，麻石已经不知去向。2007年，这条街西面的路改造，村民把麻石全部挖起，堆在一边，准备铺水泥路。我对他们说：“我支持你们一点儿水泥修路，怎么样？”他们很高兴，我就送了他们10吨水泥。我问他们：“挖出来的麻石是否有安排？”他们说：“没有。”我说：“能送给从化中学吗？”他们就把麻石全给了我们。榕园广场改造的时候，我就把那条路全部用旧麻石铺了起来，使它看上去更有历史厚重感。这条路，我们命名为“状元路”。状元，不仅仅指中考、高考中得分最高者。我们的寓意是，行行出状元，不管做什么工作，只要努力、坚持，就一定会做出成绩，一定会成为这一行业的领军人物。在每年中考、高考动员大会之后，我都会带着学生走走这条“状元路”，希望学生在中考、高考和未来的人生中取得满意的成绩。

【陶继新】这些麻石为本来就很有文化味的从化中学抹上了特殊的亮光。我特别佩服您的文化眼光，这绝非一般人能够具备的。看来，您的传统文化情结不是因为现在开始推进传统文化教育才有的，而是久已有之，甚至是在您的心里扎了根的。当一届又一届学生在这条铺着麻石的“状元路”上行走时，该是何等惬意！而您，定会有着其他人难以想象的幸福感。

活动“心情”体验人类耕种文明——“培育现代君子”的厚度

【邱榕基】从化中学民俗博物馆还原了明清县衙的场景。从化建县500多年，其中，将近470年，县政府就在从化中学这个地方。2012年，广州市纪委监察局把民俗博物馆评为广州十大廉洁文化教育基地。470年给我们留下了什么？我认为起码给我们留下了三样东西：

一是难得的历史瑰宝。包括孔庙、祠堂、古树、古街、古井、古碑、古麻石等。

二是灿烂的县署文化。里面的场景有深刻的含义，如正面墙上画的是太阳从海面升起，这幅图叫《海水朝日图》。海水表示清廉，太阳表示能量、力量，寓意当官的就是在阳光底下，没有什么个人利益、个人隐私，公堂上应该阳光办公，应该公正办公，应该清廉办公。里面的对联、横匾，都相当有文化内涵。

1. 莫寻仇莫负气莫听教唆到此地费心费力费钱就胜人终累己
   要酌理要揆情要度时世做这官不勤不清不慎易造孽难欺天
2. 吃百姓之饭穿百姓之衣莫道百姓可欺自己也是百姓
   得一官不荣失一官不辱勿说一官无用地方全靠一官
3. 刚恶柔恶势恶富恶逆理欺天皆由己
   大报小报迟报速报古往今来饶过谁
4. 先祖先贤成由勤俭败由奢岂敢相忘
   后世后学幼当教养老当敬首在言行
5. 案牍上勿逞精明留此余地
   公门内好行方便积点阴功
6. 进看看这个衙门难行贿
   出问问此处官府不留情
7. 读书即未成名毕竟人高品雅
   修德不期获报自然梦稳心安
8. 世事让三分天宽地阔
   心田留一点子耘孙耕

三是感人的廉吏风骨。历代廉洁官员的故事，永远值得我们传颂。

【陶继新】一所中学竟有如此丰富的文物古迹，堪称罕见！而您对“三样东西”的解说，更让人明白了其价值与意义之大。历史瑰宝不可再生，却可以永存。它是历史的见证，能让人感受到中国生生不息的文化。县署文化给我们巨大的启示：为什么封建社会在中国延续两千多年？在人们批判其精神糟粕的同时，有没有想到过一批又一批为官清正的贤良之士的精神品质？其精神品质不只在当时让人敬仰，现在依然闪烁着耀人的光芒。其对联、横匾的文化价值，值得今人好好学习。古人的廉吏风骨在中国甚至世界史上都书写了一道令人敬畏的精神风景，对目前从上到下开展的反腐倡廉活动来说，也不失为一份优质的教材。可以这样说，在你们学校里，有中国灿烂文化的亮点在闪烁。由此我还想到，目前在学校开展中国优秀传统文化的教育，该是何等重要！而你们学校的中国优秀传统文化教育，则因有了优秀的文本与实物，以及您这位校长对传统文化的情有独钟，而开展得更加有声有色。

【邱榕基】2014 年 4 月 23 日，我参观了南京的陶行知纪念馆，在陶行知墓前献上花圈，致以深深的三鞠躬，心情激动，无限感慨。1986 年 7 月 11 日，我于华南师范大学毕业，收拾好行李即将离校时，我去了学校的陶行知展览室，陶行知“爱满天下”的教育情怀、“捧着一颗心来，不带半根草去”的高尚情操让我震撼。我在陶行知塑像前三鞠躬，暗下决心：像陶行知一样到农村去，办好家乡学校，以优异的成绩完成陶行知未完成的事业。之后我来到从化中学，一眨眼就 30 多年。

古朴幽雅的从化中学校园供奉着两位圣人：一位是“万世师表”孔子，一位是“人民教育家”陶行知。在图书馆大堂，学校专门设置了“爱满天下”的雕塑板，前面是陶行知雕像，刻有毛泽东同志“伟大的人民教育家”的题词。图书馆门前有“千教万教教人求真，千学万学学做真人”的木雕对联。在我的办公室，挂着陶行知先生的名言：“国家把整个的学校交给你，要你用整个的心去做整个的校长。”陶行知的话语每天都激励着我、鞭策着我。

2014 年教师节，习近平在北京师范大学的讲话中曾提到 7 个人的名字，陶行知的名字出现了两次，有多处引文来自陶行知原话。习近平提出好教师“有理想信念”“有道德情操”“有扎实学识”“有仁爱之心”的标准，其实就是陶行知先生师魂的集中写照。

【陶继新】虽然真正的好校长与好教师是很难升官发财的，但他们可以学富五车，可以精神高贵。从孔子的“仁者爱人”到陶行知的“爱满天下”，播撒的都是精神的亮光，不但让他们的学生“学而时习之”，更给中国乃至世界留下了一笔巨大的精神财富。更好地传承这种精神，就成了教育界有识之士的一种担当。您对孔子与陶行知有着很深的感情，更有着将他们的思想传播下去的意念与行动。其实，一所学校有没有品位，除了要看其硬件设施外，更重要的是看其精神品质。而校长，应当是学校师生的精神导师。您不正做着这件神圣的事情吗？当您的精神越来越丰盈，教师们越来越幸福，学生们发展得越来越快的时候，您就拥有了巨大的精神收获，也拥有了更多的人生幸福。

榕园愿景叩开教化成仁之“树门”——“培育现代君子”的效度

【邱榕基】学校新建的大门称为“树门”。“树门”取“十年树木，百年树人”之意，与校园内两棵有着400多年历史的古榕树遥相呼应。“十年树木，百年树人”出自《管子·权修》：“一年之计，莫如树谷；十年之计，莫如树木；终身之计，莫如树人。”“树”即培植之意。“树门”主要包含四层寓意：一是古榕树巨大结实的根基，象征从化中学育人的悠久历史；二是古榕树的繁茂枝叶护荫着莘莘学子茁壮成长，象征走出校门的桃李遍布天下、各有建树；三是洁白的树形的提炼，象征今天的从化中学以生态科学理念构建充满生命力的教学；四是树形的门，象征学子们对母校最纯真、最温暖、最难以忘怀的回忆。作为国家级示范性高中，从化中学应义不容辞地肩负起树人的责任和义务，希望从化中学的学子“珍惜时光，勤奋学习，立志成才，报效国家，报答父母”。有人为“树门”赋诗一首：“百年树人好，人才智慧高。学校出英才，家国变富饶。”

大门宽23米，高10.55米，深10.65米，坐西南朝东北偏东方向，背靠风云岭，前通学府路。“树门”的树形挺拔，根茎相连，勃勃生机，气势磅礴。大门后有一巨石，如伏地雄狮把守大门，眈眈前视，威震四方。大门前也有一块巨石，如欢乐海狮，热情欢迎各方朋友，上面刻着中国现代著名学者郭沫若先生在1961年题写的校名。“树门”中空通透，独一无二，富有创意。

校门于2009年3月2日正式动工，9月6日全面完工。时任从化市委书记欧阳知为校门揭幕时夸赞“树门”:“耳目一新，眼前一亮，寓意深刻，内涵丰富，有气派，够震撼，预示着从化中学人才辈出，树人丰收，前景光明。”

按中国的传统文化和习惯，大门的建设是特别讲究的，尤其是学校的大门，样式选择、摆向确定都特别严格。从学校大门常规要求来看，起码要做到四点：一是与学校文化格调和谐相符；二是让师生进出方便、平安；三是让人们感觉美观、舒畅；四是能给人以想象、启迪。这四点要求我们的“树门”都达到了。“树门”落成后，得到了领导、师生、校友和各界群众的广泛好评，作为“树门”设计及建设的主持人，看到大家的好评，我压在心头的石头终于落下了，说不出的激动和兴奋。

【陶继新】“树门”在设计上可谓匠心独运！这一属于物质文化的校门，因为融进了学校的品质而有了文化品位。这其间您所付出的心血、智慧，是常人难以想象的。付出就有回报，大付出就有大回报。它让从化中学更加宏阔、壮观、寓意深刻。

“树门”，树人之门也。教师走进校门的那一刻，就担当起了树人的责任与义务，不但要让学生学到知识、拥有必备的能力，更要让他们成为人格高尚的人。《周易》有言:“立人之道，曰仁与义。”树人之道，更重要的是要学生成为懂仁义的人。六年时间，在历史长河中只是短暂的一瞬，可对每个学生来说却是走向另一个人生的关键时段。你们用六年的教育，在做着影响学生一生的大事。真正的树人，是将他们塑造成品学兼优的人，培养成对国家有用的人。对学生来说，“树门”也具有重要的意义。他们不应当是机械与被动的被“树”者，而应当自觉能动地走在成人成才之路上。“非学无以广才，非志无以成学。”才志兼修，奋发向上，才能不辜负教师们的期望。六年之后，他们要走出校门，那不应当是一次简单的离开，在回望“树门”时，还应当检阅自己六年的生命之旅，感恩教师的教诲，牢记同学之间的友情。在未来的求学或工作中，他们会时时想起“树门”，会铭记是从化中学培养了自己。再来母校，凝望“树门”，就会有一种幸福在心头。在某种程度上说，“树门”甚至是跟随学生一生的，它不时地提醒学生，成人成才的自己也应担当起为社会树人的责任。

【邱榕基】2007 年春节，大年初一我在学校值班，在校门口正好遇到一位女士问保安“邱校长是否在学校”。我说我就是邱榕基，她见到我就大声叫我师兄。原来她是 1984 届校友罗国妹，大学毕业后移居美国，一直没有回过从化，她这次回来有两个心愿：一是回吕田镇老家看看她的母亲；二是回母校，看看母校的树。她问我：“树菠萝还在不在？”我说在，她一见到那棵树就抱住了，眼泪止不住地流下来。她说，她读中学时和班里同学每天都在树菠萝下吃饭，当时虽然生活很艰苦，但大家很开心。她看到树木被保护得这么好，非常感动：“感谢校长，感谢这棵树！”

【陶继新】保护这些古树的意义还会延伸，因为与古树有关的教师和学生会越来越多。古树的存在，会让久远的历史回到眼前，让往事涌上心头。这位移居美国的校友罗国妹之所以抱树而泣，正是因为这棵古树打开了她通向往事的闸门。而且，即使初到从化中学的人，见到古树参天，也会对这所学校古老的历史产生敬畏感。它是历史，也是文化，它承载着记忆，也绵延着传说。

【邱榕基】清华大学校园称“清华园”，北京大学校园称“燕园”，而我们的校园称“榕园”，这是有来历的。从化中学前身是明代学宫，是一所有着深厚文化底蕴、光荣历史传统的学校，是国家级示范性普通高中。学校环境优美、校风优良、管理优化、师资优秀、质量优胜。校园里的榕树近 5000 棵，有十多个种类，常年绿意盎然、生机勃勃。有两棵巨大的古榕树傲立其中，历经 400 多年风雨，依然根深叶茂，苍翠遒劲。古榕树巨大结实的根茎，象征从化中学的悠久历史；古榕树的繁茂枝叶，护荫着一代又一代从化中学莘莘学子茁壮成长。古榕树是从化中学沧桑历史的写照，能引发校友对母校刻骨铭心的记忆，是校友们青春燃烧、激情如火年代的见证者。我们把校园称为“榕园”是再恰当不过了。

【陶继新】称为“榕园”会让人产生丰富的联想，因为榕树不但枝繁叶茂，而且有着巨大结实的根茎。育人、树人，都要固根，因为本立才能道生。从化中学之所以 500 年不衰，其中一个重要的原因就是在根本上下了大功夫。学校有骄人的高考成绩，更重要的是，学校一直推进素质教育，关注更多的是学生综合素养的提升，从而让学生有了更大的发展潜质。

【邱榕基】2015 年 8 月 4 日，我应邀参加了在芬兰举行的第十二届世界校长大会，并做了“利用传统文化服务于人格品质养成的经验分享”的讲话。主要讲了四点：一是健康人格培养的要求；二是健康人格培养的路径；三是健康人格培养的策略；四是现代君子的内涵。其中，我重点谈了如何利用校内拥有 500 多年历史的孔庙，进一步完善充满儒家文化元素的校园环境，开设相应课程，开展系列活动，培养学生既具有传统素养又具有时代品质的健康人格。我们的立足点是，把儒家文化传播出去，把我们的经验做法传播出去，共同关注和培育下一代。当我们通过照片展示从化中学美丽的校园环境和学生幸福的校园生活时，参会的校长们无不啧啧称赞。

【陶继新】健康人格与现代君子在逻辑上构成了必要条件，无之则必不然。这也是教育之本、学校发展之本。当年孔子的教育，其实更多的是对人格的教育，他说：“弟子入则孝，出则悌，谨而信，泛爱众，而亲仁。行有余力，则以学文。”可见，修身为立人之要，因为修身才能齐家、治国、平天下。正是从化中学数百年浓厚的文化底蕴和一代代校长及教师的努力，才培养出一批又一批德才兼备的现代君子。

【邱榕基】我经常会做一个梦，梦见自己十三四岁，看着小伙伴们骑着自行车高高兴兴去上学，而自己被告知没学上，我便大哭起来。每次梦醒，我都是泪眼汪汪。因为我很爱读书，最怕没学上，所以当教师、当校长后最怕学生不来读书，特别是那些因为经济困难读不起书的。2006 年，我倡议筹集了 40 多万元的仁义助学基金，专门资助贫困学生，决不让任何一个家庭困难的学生辍学。凡贫困学生都可以申请，以解决其学习和生活上的困难。但申请要满足五个条件：一是生活困难；二是读书刻苦；三是节俭朴素；四是守纪有礼；五是有偿还意识，承诺自己有能力后，偿还所借款项，用于帮助有困难的学弟学妹。这使得贫困学生能够专心求学，不用再为经济困难而担忧。

【陶继新】“致良知”是王阳明的经典之说，而您，就是一个有良知的校长。不忘自己苦难的过去已经相当可贵，更可贵的是您能推己及人。这种悲悯情怀，对于困境中的学生是何等重要啊！我特别欣赏您所提的近乎苛刻的五个条件。其实，这才是大爱，是对资助者负责，更是对受助者负责。

资助贫困学生不是最大的目的，帮助他们渡过难关，完成学业，具备完善人格与能力才是目的。

【邱榕基】学生在活动中成长，君子在活动中培育。在现有的人才选拔机制下，中学的升学压力很大，对于课外时间用于学习还是开展活动，依然难以取舍。我经常与教师们探讨，课内长知识，课外强能力，学生在社会上的竞争力还是来自能力。而且，课外培养出来的能力反过来也有助于学生增加学习动力、改进学习方法、提升学习效率、提高学习成绩。于是，学校大力支持学生在各种节日举行活动（如创造节、体育节、艺术节、纳新节），鼓励学生参加各种社团活动（现在学校已有40多个社团，如文学社、国学社、天文社、摄影社、现代舞社、历史剧社、电视台、广播站、朗诵协会、辩论协会、书画协会、篮球协会、跆拳道协会、咏春拳协会、足球俱乐部、模拟联合国等）。学生组织或参加丰富多彩的活动，能开阔视野，增长才干，为进入大学和步入社会奠定坚实的人生基础。学生生龙活虎，学校才能生机勃勃，现代君子不是文弱书生，要有体魄、有情怀、有责任、有担当。

【陶继新】几乎没有学生不喜欢参加活动，这不只是因为课堂学习时间多、课业负担重，还因为有益的活动让学生在活动身体的同时，也舒展了心灵。一些学习不好的学生在活动中有机会一展风采，进而会生成自信心与自豪感。尽管活动会占用学生的学习时间，可是，它能使学生身心放松，拥有更加充沛的精力以及健康的身体与愉悦的心情，这些又恰恰能促进学生高效学习。实践证明，参加活动比较多的学生，一般来说学习成绩也不差，有些甚至还是学习中的佼佼者。更何况，培养人才，不能只看成绩，而忽视了对人格的培养与健康身心的培育。

利用传统文化　育好时代新人

——访广东从化中学邱榕基校长

黄利谊

最近，微信朋友圈都在疯传《中国教育报》分别在2016年3月19日、3月26日和4月2日第四版刊登的《踏上“求仁”征途的现代君子——与广东从化中学邱榕基校长对话》(上)(中)(下)的文章，读者纷纷点赞，引起轰动，一时间成为从化街谈巷议的事。就文章发表的背景及读者关心的问题,《今日从化》记者到从化中学对邱榕基校长进行了专访。

【记者】邱校长，您好！我们看到《中国教育报》连续三个星期六，用三大版面刊登了您和陶继新教授的对话，详实地介绍了您的办学思路和做法，也让我们更多地了解到从化中学的办学实践和学校文化。请您谈谈对话的背景。

【邱榕基】2016年2月，广州市教育局领导到从化调研时说:“希望从化有‘弯道超车’的气派、勇气和策略，按照广州市‘全面上水平、全国有影响力’的要求,开阔眼界,追求卓越。在学校建设方面要有‘未来学校’的观点，指导条件成熟的学校向‘未来学校’的方向发展，努力把学校建设成为在全国有影响力的名校。”

要成为在全国有影响力的名校，除了要有过硬的办学业绩和特色外，还必须做好学校的宣传推广。我在从化中学任职将近12年,是与学生、教师、学校一同成长、一起发展的。

这十多年，学校先后荣获“中国百所空军招飞优质生源基地”“广东省国家级示范性普通高中”“广东省教学水平优秀学校”“广东省安全文明校园”“广东省体育特色学校”“广东省现代化教育技术学校”“广东省中小学校本培训示范学校”“广东省中小学校长培训实践基地”“广东省食品安全示范学校食堂”“广州市反腐倡廉教育基地”“广州市德育示范校”“广州市心理健康教育示范学校”“广州市家长学校示范校”“广州市义务教育阶段特色学校”“广州市教育科研协作基地”等称号。师生参加各类竞赛所获奖项，国家级266项、省级以上714项、市级以上7995项，学校连年荣获广州市普通高中毕业班工作一等奖，在广州市120多所高中学校中基本年年排在前10名。在高考中，重点上线率近25%，本科上线率近85%，为社会输送了一大批优秀毕业生。

这十多年，校园面积由原来的6万平方米增加至近13万平方米。新建了图书馆、体育馆、生物园区、学生宿舍、师生食堂、运动场、篮球场、排球场、天文台、树门、学宫广场、榕园广场、杏坛讲学厅、东西方文化长廊、校友亭、观川亭、合一亭、敬师亭、君子亭、知书亭和相聚亭等；修缮了明代孔庙、明清县衙、明伦堂、先师殿、学宫广场、棂星门等；改造了科学馆、音乐楼、教师宿舍楼和办公楼等；增加了大量石雕、木雕、横匾、对联；收藏了不少民俗文物；保护和种植了大批珍贵树木。如今的从化中学校园面貌焕然一新：古殿新楼，相映成趣；古树新枝，疏影横斜；绿草如茵，荔香浮动。校园的历史文化底蕴更加厚重，是一块古韵浓烈、人杰地灵的风水宝地，是学子向往的读书圣殿、求知学堂。

校友徐灼佳、邓水容伉俪将其慈善基金会捐赠给母校，建立了广东省从化中学教育基金会。后来，经校友和社会热心人士潘伟明、潘俊钢兄弟，邝宇翔、胡岸芳伉俪，李建中，朱永红，邝煜文，李煜灵，黎东海，欧阳建忠，司徒羡，袁志敏，黄铁猛和李永坚等倾情支持下，教育基金已筹集到400多万元，给学校的发展注入了新的活力。

学校所取得的成绩和进步是有目共睹的，这是区党委政府的正确领导，区教育局的科学决策，全校师生的共同努力，家长、校友及社会各界鼎力支持的结果。功劳是大家的，荣誉是集体的。成绩的背后有独特的办学理念和有趣的校园故事。我要把我们的办学成果、办学理念及学校的故事向全国展示，向全社会展示，为广州和从化的名校建设出点力。于是，便想到用全国教育领域最具权威、最有影响力的《中国教育报》做平台，讲学校故事，宣传学校，宣传从化教育。

【记者】在文章中，您是直接跟陶继新教授进行的对话，可以介绍一下相关情况吗？

【邱榕基】我有认真阅读每一期《中国教育报》的习惯。多年前，就留意到有位叫陶继新的作者，发现他特别会写文章，且擅长对话的方式，其文章温婉平和，读来如沐春风。我常想，如果有机会跟他进行一次对话，那该是件多么幸福而有意义的事。2016 年 1 月，我和洪世昌老师应邀到山东参加儒学文化活动，接待我的是济南汇才学校的孟祥龙校长。活动之余，我请孟校长帮我约见陶继新教授。陶教授二话不说推掉了其他事务，与我们相见。

陶教授精神矍铄、温文尔雅，总是面带笑容。那天他身着长呢子大衣，风度翩翩，给我的第一印象是儒雅、诚恳、从容、淡定、平和、谦逊。他讲话语调缓慢、声音柔和、有条不紊，与他聊天特别舒服，是一种享受。

坐下来，陶教授打开手提电脑，便开始了我们的对话。陶教授知识渊博，贯通古今，名言经典信手拈来而又恰到好处，东西方的名人典故脱口而出，让人耳目一新，深受启发。

他是山东教育社编审，中国孔子基金会传统文化教育分会副会长，中国教育学会传统文化教育中心副主任，《中国教育报》记者。《中国教育报·读书周刊》2005年度推动读书十大人物。在《人民日报》《光明日报》《中国教育报》和《人民教育》等报刊上发表长篇通讯文章、教育教学论文、编辑业务论文、访谈、评论、散文等1000多篇。著有《做一个幸福的教师——陶继新教育讲演录》《教坛春秋——20位中学教师的境界与智慧》《好校长好学校》《经典教育让生命有根》《语文的文化品格》《情智教育十日谈》《种好心田——魏书生与陶继新的幸福教育》等。在全国开设主题为“读书与教师生命成长”“读写丰盈教师智慧”“文化建设：学校魂兮所系”“向孔子学做老师”“中国人文学者的人格学品”“《论语》解读”“做一个优秀的家长”“做一个幸福的教师”“永存感恩”“为终身发展奠基”等讲座800多场。陶教授真的是才华横溢，作品丰硕，闻名遐迩。

他对从化中学充满着浓厚的兴趣。第一次见面，我们谈学校、谈文化、谈历史、谈梦想、谈人生，不知不觉两个多小时就过去了，一见如故，有相见恨晚之感。中午在食堂用的餐，陶教授不喝酒、不吸烟，以粗粮和青菜为主，且控制饭量。他对生活的要求是“大道至简”——越简单越好，这也许是陶教授的养生之道吧！

之后，陶教授和我约定在1月31日和2月4日通过QQ交流。两天的对话都是从早上9：00到晚上7：30，中午稍作休息。人们在忙碌着过年，我与陶教授在不亦乐乎地聊着教育故事、学校发展，真是别有一番过年滋味。想到陶教授说的“我从来不会把写作当作苦差”，我顿时把苦和累抛到了九霄云外。我们一共聊了26个话题，在最后的小结中我说：“陶教授，华灯高照，您还在静心思考，耐心作解，让我再次领略到您的智慧、能力和执着，认识您是我人生的幸事，辛苦了，谢谢！”陶教授回复：“其实，在与您的对话中，我不但学到了很多东西，而且被您高尚的人格所打动，所以，认识您很高兴，能与您对话很幸福！”两天的辛勤付出，形成了2万多字的作品，我十分兴奋。

陶教授在用自己真诚、善良、积极、乐观的心去传播孔子的思想，且身体力行，不问收获，对教育充满了真爱，对教育付出了真情，他是一位令人敬重的长者。我愿意走近陶教授，更愿意追随陶教授。

【记者】《中国教育报》刊登的三大版文章，2 万多字，主要讲了哪些内容？

【邱榕基】文章主要包括五部分内容：第一部分“思想理念决定教育行动——‘培育现代君子’的向度”，主要讲了“培育现代君子”理念的提出依据和初现的实效；第二部分“点滴细节锻造学生心灵——‘培育现代君子’的纯度”，主要讲了“培育现代君子”必须从自身做起、从小事做起、从课堂做起、从师生关系做起；第三部分“校园‘表情’体现人文环境课程——‘培育现代君子’的‘温度’”，主要讲了“培育现代君子”的育人环境、课程建设及建筑物的现实意义，包括明伦堂、观川亭、校友亭、君子亭、敬师亭、合一亭、相聚亭、知书亭、状元路等；第四部分“活动‘心情’体验人类耕种文明——‘培育现代君子’的厚度”，主要讲了“培育现代君子”的教育使命感和丰厚的文化底蕴，包括民俗博物馆、明清县衙、陶行知雕像等；第五部分“榕园愿景叩开教化成仁之‘树门’——‘培育现代君子’的效度”，主要讲了“培育现代君子”以及学校“树门”内的教育乾坤与“树门”外的人生道路的关系。创设条件培育现代君子，如诸多校本课程的开设、丰富多彩的特色活动的开展与仁义助学基金的建立等。

由于版面的限制，并没有把对话的所有内容全部刊登。也由于我个人的视野和水平影响，有些内容讲得不够全面、不够透彻，甚至不够准确，难免造成失误，留下遗憾，敬请读者指正并谅解。

【记者】改革创新是教育发展的强大动力，您提出的“培育现代君子”无疑是一种创新，在文章中，“现代君子”这一概念出现的频率还是挺高的，请您谈谈对“现代君子”的理解。

【邱榕基】英国教育家洛克提出：“教师的重要工作是在他的学生身上培养风度，培养心智；养成良好的习惯，坚守德行与智慧的原则；一点一滴地传授关于人类的观念；使学生喜爱并模仿良好的值得夸奖的行为；当学生依此而行时，给他力量与鼓励。”其实，洛克所倡导的就是绅士培育，就是君子教育。2014 年初，我到英国访问学习，与诺丁汉大学的多位教授进行了广泛而深入的交流，阅读了英国关于传统教育的部分文件及教育历史资料，先后到 Georgr Spencer，Trinity，Forest Way 等 9 所中小学、幼儿园听课，与校长、中层干部及教师代表交谈。可惜的是，我考察的几所英国中小学、幼儿园对绅士教育这一概念很少提及，使用的都是公民教育这一概念。而我，对培育现代君子依然充满激情，依然向往和期待。

君子的内涵十分丰富，无论是古代还是现代，都是其所处时代的追求。对于“君子”一词，孔子在《论语》中多次提到。所谓君子，就是指人格高尚之人，指具有较高道德修养和人格魅力的人。

有人提出现代君子的标准：一是善良，纯真温厚，没有恶意；二是随和，随顺众意，不尚固执；三是诚信，真诚老实，履行诺言；四是恭敬，端庄礼貌，谦恭敬重；五是宽厚，宽容厚道，淳朴友谅；六是勤敏，勤快灵敏，机智上进；七是慈惠，仁爱和善，乐善好施；八是尽孝，孝敬双亲，感恩戴德；九是博学，博览群书，一专多能；十是高洁，情志高尚，操守纯洁；十一是仁义，性情和顺，通达事理；十二是含蓄，表达委婉，耐人寻味；十三是坦荡，胸襟开阔，心地纯洁；十四是明智，通达事理，远见卓识；十五是谦让，谦虚谨慎，先人后己；十六是淡泊，不争名利，清静自守；十七是迁善，闻过则喜，从善如流；十八是中正，不偏不倚，正直刚强。做到这十八点，几乎是完人了，大部分人都难以做到。

我们认为，“现代君子”的提出是君子文化传承和发展的需要，除了具备“仁爱”这一核心要义和较高的道德修养、人格魅力外，现代君子比古代君子有着更高的标准，它包括人文素养、合作精神、创新精神、责任担当、爱国情怀等。换言之，现代君子就是践行社会主义核心价值观的求“仁”路上的现代优秀人才，也是符合新时代要求的有用的新一代接班人，简称“时代新人”。

具体地说，我校提出的“现代君子”的标准：一是有仁爱之心；二是有时代理念（即社会主义核心价值观，包括爱党、爱社会主义等）；三是有文明行为。这三个标准让现代中学生听得明，学得进，做得到。

【记者】青少年是国家的未来、民族的希望，把他们培养成符合新时代要求的接班人是学校教育的重中之重。如果每个学生都是有文化、有技能、有担当的现代谦谦君子，将来他们定是国家和民族进一步发展、强盛的中坚力量，是实现中国梦的主力军。培育现代君子是一个庞大的系统工程，任重而道远。请您谈谈学校培育现代君子这一庞大工程的具体做法。

【邱榕基】第一，学习先进的办学理念，继承优秀的传统文化。让全校师生更新理念，提高认识，统一思想，共同努力；进一步传承“仁爱”思想，铸就学校灵魂。孔子曰“仁者爱人”，“仁”是孔子思想的核心，是中国伦理的根本价值标准，是调节人际关系的基本规范。儒家的“仁爱”思想养育了中国人的民族性格，构成了中华民族的基本民族精神。深入理解和探究孔子的“仁爱”思想并将其发扬光大，是时代的呼唤，更是教育的使命。所以我们学校将“仁爱”思想铸就为校魂，努力打造爱心校园，让校园充满爱。

第二，充分利用和挖掘校内外课程资源。基于“中华古典名言名句集锦”“从化地理”等一系列具有地方和学校文化特色的校本课程，我们将研究性学习与学科课程相整合，开设内容丰富、具有特色的研究性学习课程，如组织教师结合学校的孔圣殿、明伦堂文化，开发设计校本课程“儒学文化选粹”，并编写了相应教材《儒学文化选粹》，包括“故事卷”“诗文卷”和“校园卷”。在课程设计中我们引导学生了解孔子及其他历史文化名人，不断提高学生的人文素养，加深学生对历史、文化、环境的认识和理解，为学生成为社会主义合格公民奠定基础，进而塑造学生的民族精神，培养学生的爱国情怀。此外，我校在推进校本课程的过程中并不仅仅局限于教材、课堂，还在校园走廊的墙壁上镌刻了《论语》经典、名人名言等，整个校园就是一本活教材、一个大课堂。我们努力使“每一面墙壁都会说话”，充分利用每一块空间，墙壁上、教室里、走廊中，处处体现出儒家文化的神韵，处处彰显着传统文化的魅力。整个校园如一门隐性课程，让学生在儒雅的氛围中受到熏陶，让学生在优秀、典雅的文化氛围中有所提升。

第三，开展体验教育，提升学生综合素质。《纲要》提出“把育人为本作为教育工作的根本要求”，明确提出中小学教育的根本任务是育人，重点解决好“培养什么人、怎么培养人”的问题。

培育现代君子活动对塑造学生人格、拓展学生视野，丰富育人内容有着重要意义。我国素有“礼仪之邦”“君子之国”的美誉，传承传统美德责任重大，我们的教育没有中国精神和中国气派，就没有中国特色，就培养不出真正的“中国人”。中国的强大崛起，除经济、军事、政治强大外，就是文化的强大，特别是要在文明礼仪、君子之行上独树一帜，做出榜样，才能让世界人民敬仰。现代君子不但应该具有适应传统君子知礼节、重修身的人格优点，而且应该具有适应现代社会所必须具有的全部特征，如能坚持民主原则，具有强烈的法制意识，具有进取精神和创新精神，具有全面的价值理念，做到谦虚谨慎、宽容大度、刚柔并济、疾恶如仇、柔情满怀。

我们学校遵循学生的心理特征和认知规律，坚持“育人至谐”的宗旨，形成了“以体验活动为载体，促进学生和谐发展”的体验式教育。在“三好学生”评选活动的基础上，进一步开展“十佳三好标兵”评选活动，参选学生在学生电视台上演讲，学校在宣传栏中张贴他们的优秀事迹，并对他们进行表彰奖励。推出优秀校友作为全校学生学习的榜样，号召全校学生学习他们立志成才、刻苦用功的优秀品格。组织学生开展社会调查活动、参加社区活动，实现知行合一，培养学生的社会责任感和奉献精神；组织学生参加大型公益活动的筹备、接待工作，让学生在活动中学会与人交往、协作，锻炼组织能力。组织开展一系列班团活动，如召开班团队会，撰写心得体会；充分利用班级文化阵地，营造“现代君子”主题班级文化；开展行为习惯养成教育活动、礼仪活动、体验教育活动，开展校园志愿者志愿服务。开办学生电视台，建立心理辅导室，组建文学社、国学社、合唱团、篮球队、田径队、羽毛球队等学生社团队伍，为学生提供自我发展的机会，拓宽学生发展的空间。

第四，以建立教师工作室为切入点，加强对教师的培训，发挥骨干教师的引领作用。学校建立起富有儒学特色的美术展示工作室、音乐欣赏工作室、历史博览工作室、政治明伦工作室等，构建有利于教学和学生求知的良好环境，以工作室的建设促进学生活动课程的开展，落实孔子的教育思想。

第五，进一步完善校园文化硬件建设。建设历史艺术博物馆，让名人、圣人的主要言论、道德要求等都得以充分展现，使原有的文化底蕴更加充盈厚实。

【记者】校园文化向来是学校教育重要的有益补充，往往能达到润物无声的效果。近年来，从化中学的文物古迹和人文资源不断丰富，亭台楼阁相得益彰，堪称罕见。请问您是怎样将这些建筑与培育现代君子结合起来，培育学生既具有传统素养又具有时代品质的健康人格的？

【邱榕基】从化中学办学历史悠久，文化底蕴深厚，两棵400余年的古榕树和有着500余年历史的明代学宫建筑群是学校最重要的文化标识。此外，学校的“树门”、东西方文化长廊、学宫广场、明清县衙、榕园、观川亭、知书亭、敬师亭、校友亭、合一亭、君子亭、相聚亭、乡约亭、明伦堂、杏坛讲学厅等各具特色，每个建筑、每个名称都有着深厚的文化内涵，每个角落都散发出浓浓的文化气息。我们就是想充分开发和利用校园历史文化资源，培育学生良好的人格品质，提高学生的核心素养。

首先，进行科研引领。把孔子的“仁”文化与现代教育理念相结合，逐渐形成学校办学的基本理念。作为一所办学历史悠久、文化底蕴丰厚的学校，从化中学坚持以育人为根本，以铸就民族之魂为核心，恪守“严、勤、实、活”的校训，秉承“团结、向上、艰苦、认真”的校风，明确了“传承孔子文化，培育现代君子”的办学特色，确立了“以人为本，和谐发展”的办学理念，形成了“笃厚务实，奋发有为”的“从中人”精神。这些理念不断完善和发展，目前已经成为全校师生的共同追求。

其次，形成丰富的校本教材，设置规范的课程。在课程设置上，我们根据不同年级的特点，形成年级目标序列，使学生的学习循序渐进，更有针对性和层次性，能更好地配合学校的教育活动。每个学期，我们都会做好详细的活动计划，每个年级都要根据本年级的主题确定具体的措施和活动，把课程落到实处。目前已完成学校文化建设的“顶层设计”研究，形成了“文化榕园”“优雅榕园”“智慧榕园”“诗意榕园”“体健榕园”“廉洁榕园”六大校本课程，编纂完成了《学宫文脉传承读本》《礼仪读本》《校园植物录》《星空巡礼》《咏春拳读本》《跆拳道读本》《版画》《木棉花红》等校本教材，取得了一定的成效。

再次，利用学宫开展多种活动，让学生接受传统文化熏陶。拥有学宫（文庙）建筑群，是我们学校弘扬孔子“仁”文化得天独厚的优势。我们利用它开展了很多活动，特别是祭孔活动。每年9月28日，我们都会在学宫广场举行隆重的祭拜活动纪念孔子，并邀请家长和社会各界人士参加。家长与孩子一起诵读儒家经典、祭拜孔子，一起感受“君子之道”，接受儒家文化的洗礼。除此之外，还有新春拜年活动、校友开放日活动、多种形式的亲子活动和主题班会等，今后还会组建家庭教育讲师团，开设家庭教育讲坛。

【记者】2015年8月4日，您应邀参加了在芬兰举行的第十二届世界校长大会，并代表中国校长做了“利用传统文化服务于人格品质养成的经验分享”的讲话，介绍了从化中学培育现代君子的做法和体会，得到与会各国校长的认同及赞赏，很不简单。从化中学未来的特色发展是什么？可以介绍一下吗？

【邱榕基】一路走来，我们更加坚定党的全面育人的教育方针，更加坚定培育现代君子的特色育人路子。培育人才是一项长久的工作，培育现代君子也是如此。既要有矢志不渝、坚韧不拔的奋斗精神，也要有静待花开的教育情怀。在接下来的时间里，我们将在原来的基础上做好以下几点。

一是继续抓好重点课题建设，以课题研究推进学校发展。2014年，广州市教育局和从化区教育局已经把我们“传承孔子文化，培育现代君子”这一课题列入重点课题，给予资金上的支持。我们将组织教师积极探究，加快推进。二是进一步开设特色课程，开展丰富多彩的校园活动，创设更多的平台和机会，让学生参与活动、展示才华，激发学生的主动性，促进学生的健康发展。三是进一步完善校园环境，尽快把学校历史艺术博物馆和学生活动中心建设起来，拓展学生的活动空间。

古韵犹存、文脉绵长的从化中学校园，历史文化积淀深厚，传统文化元素丰富，值得我们永远珍视和保护，需要我们充分挖掘和利用。借助独特的校园文化，我坚信培育现代君子、育好时代新人的路子会越走越宽广！

【记者】谢谢邱校长接受采访，祝愿从化中学越办越好！

【邱榕基】祝愿《今日从化》百尺竿头，更进一步！

后　记

初中、高中我均在从化中学读书，大学毕业后又回到从化中学，前前后后30多年，从化中学成为我人生中浓墨重彩的一部分，她的一切已融入了我的生命。我希望从化中学能再焕生机、再创辉煌。2007年，我提出“传承孔子文化，培育现代君子”的办学特色。学生常问我：“就让我们做君子吗？按君子的文明礼仪要求，我们要懂得谦让，那我们连公交车都挤不上去了。”

有位外国朋友在学中国经典时说：“我觉得你们中国的礼仪交往要求只是在口头上，而真正的行为却是相反的。”我一直在问自己，难道做君子有错吗？难道今天不需要君子了吗？难道社会只有竞争、只有欺骗吗？

本书阐释了我对君子人格的理解，对培育怎样的人以及培育的路径、策略等问题的思考。这是我10多年来担任校长的心路历程，是我的探索经历，在探究自己向往的大道时，我有很多的困惑，有时也感到迷茫。写作本书，旨在抛砖引玉、共同前行。

本书的写作过程学习和参考了平丽老师的相关研究成果，并得到全国知名中学语文教师洪世昌的大力支持，在文章的整体构思、结构的组成、资料的搜集、文字的表述等方面洪世昌老师都给予了极大帮助。没有洪世昌老师的帮助，就不会有这本书的出版，在这里深表感谢。此外，语文教学后起之秀邝玲玲老师，为本书的编辑打磨付出了努力，在此也表示感谢。同时，也衷心感谢《中小学德育》副主编兼编辑部主任徐向阳教授在本书统稿上做出的艰辛努力。

文章如艺术作品，总有这样那样的遗憾，敬请读者批评指正。

求仁之路，一直在走，在走！

江苏凤凰教育出版社

《行知工程》系列丛书目录

系列	序号	书名	作者	定价
教育管理力系列	1	《求仁之路——邱榕基与现代君子培育》	邱榕基	30.00
	2	《缔造唯美教育——延奎小学素质教育实施策略》	易增加	30.00
	3	《让普通学校崛起的20个细节 ——“生命为本”教育团队成长密码》	李其玉	30.00
	4	《“走”出教育的精彩：走动式学校管理文化构建》	罗　军	30.00
	5	《校长兵法：学校管理四十六计》	皮大鹏	30.00
教育求索系列	6	《语文教师的诗意情怀》	孙鸿飞	35.00
	7	《做有智慧的班主任——班主任讲述自己的反思与智慧》	李　楠　李志远	35.00
	8	《成语育人——成语文化课程的开发与实践》	张红梅	35.00
	9	《做有思想的教师》	张玉彬	45.00
	10	《区域规范性教研共同体建设及其实践》	陈宗成	40.00
	11	《让诗意润泽心灵——德育校本课程的开发与实施》	陈亚兰	40.00
	12	《联想形象识字教学——让学生感悟汉字神韵》	侯忠彦	50.00
	13	《思维导图教学法：一位历史老师的教学探索》	罗培生	35.00
	14	《让经典滋养人生——名著导读教学策略（中学）》	郑建忠	35.00
	15	《关注每一位儿童的发展——语文小班化教学的探索和实践》	何慧玲	40.00
	16	《让生命诗意地栖居——诗意教育的理念建构与实践探索》	钱丽美	40.00
	17	《怎样上好语文课——时鹏寿解析精彩课例》	时鹏寿	45.00
	18	《让书香浸润生命——时鹏寿伴你品读经典》	时鹏寿	35.00
	19	《开在手心里的花——一位优秀教师的教育情怀》	詹雪莲	40.00
	20	《学科建设与教师发展——中学数学》	杨志文	30.00
	21	《欣说教育那“一亩三分地” ——一位一线教师的教育微思考》	王庆欣	30.00
	22	《爱的守望——一位一线教师对教育的坚守》	林卫红	30.00
	23	《思政教学的人文力量》	戴晓华	30.00
	24	《师道新说——给教育者的30条箴言》	徐　卫	30.00
	25	《快乐数学——初中数学教学方式探索》	孙国芹	36.00
校本研修系列	26	《成为研究型教师的实践智慧 ——中小学有效教科研76问》	徐　洁	40.00
	27	《徜徉语文教研》	肖俊宇	35.00
	28	《校本研修资源的开发与利用》	陈朝林	30.00

系列	序号	书名	作者	定价
校本研修系列	29	《校本研修与教师专业成长》	吴积军	30.00
	30	《卓越教师经典研修成长策略》	刘天宝等	30.00
	31	《特色校本课程开发范例解读》	刘永平　李秀伟 张雪梅	30.00
	32	《高效校本研修模型构建艺术》	刘素雁	30.00
	33	《走向实践的教研——中小学教育科研引领与应用》	江　敏	30.00
名师感悟系列	34	《追寻教育的精神力量 ——品悟教育名家的智慧与情怀》	侯登强	45.00
	35	《让心灵伴着歌声成长——22 位音乐名师的教育智慧》	陈　璞	30.00
	36	《超越自我的教师——32 位名师的成长感悟》	李卫东　李秀伟	35.00
	37	《心灵的守护者——19 位名班主任的教育智慧》	王晓松　曲文弘	30.00
	38	《名师感悟班主任有效工作艺术 90 例》	符礼科	30.00
	39	《名师感悟有效教学 90 例》	林高明　徐玉烟	30.00
教育思想者系列	40	《治校之道——小学名校长的办学智慧(1)》	陶继新	35.00
	41	《治校之道——小学名校长的办学智慧(2)》	陶继新	32.00
	42	《治校之道——中学名校长的办学智慧(1)》	陶继新	40.00
	43	《治校之道——中学名校长的办学智慧(2)》	陶继新	35.00
	44	《名校之道——陶继新对话名校长（1）》	陶继新	30.00
	45	《名校之道——陶继新对话名校长（2）》	陶继新	35.00
	46	《名校之道——陶继新对话名校长（3）》	陶继新	42.00
	47	《名校之道——陶继新对话名校长（4）》	陶继新	40.00
	48	《名校之道——陶继新对话名校长（5）》	陶继新	42.00
	49	《父母要成为子女的精神导师——五个孩子走向卓越的奥秘》	陶继新	43.00
	50	《品鉴教育文化盛宴——陶继新序跋屯集》	陶继新	45.00
	51	《为什么而出发——一位研究者对教育本质的沉思》	齐　健	35.00
	52	《高效教学的道与术——陶继新教育讲演录》	陶继新	30.00
	53	《铸造一流教育品质——陶继新区域教育巡礼》	陶继新	35.00
	54	《教育，一切从孩子出发》	黄　俭	30.00
教育艺术提升系列	55	《不犯错误的学生不是好学生 ——把错误变为成功教育的拐点》	程莉霞	35.00
	56	《藏在师生体态语言里的教学智慧》	张　宇　廖生波	30.00
	57	《教师最应该规避的教育误区》	杨坤道	30.00
名师成长系列	58	《音乐名师成长启示录 ——20 位音乐名师的心路历程》	陈　璞	35.00
	59	《情怀·智慧·境界——教育名家演讲录（1）》	钟惠河　李韫琬	30.00

系列	序号	书名	作者	定价
精彩课堂系列	60	《让孩子零起点爱上阅读——上好阅读指导课的实施策略）》	彭小山	25.00
	61	《主题整合阅读教学（小学语文）》	成孟武	35.00
	62	《基于核心素养的数学教学》	赵红婷	35.00
	63	《中学生核心写作能力培养》	陶　波	36.00
	64	《给孩子更好的数学课堂》	易增加	30.00
	65	《小学生阅读素养的提升策略》	邵巧治	35.00
	66	《从语文素养走向生命成长——小学语文读写课堂教学密码》	曾海玲	30.00
	67	《真实的品德课》	朱淑秀	30.00
	68	《英语课堂学习共同体——新型的师生交互学习场》	杨延从	30.00
	69	《指导自主学习——初中数学学与教的研究与实践》	刘其武	30.00
	70	《玩出精彩的课堂——小学低年级教与学方式转变研究》	陶红松	30.00
	71	《让生命之花自主绽放——语文个性化教学建构策略》	商德远	30.00
	72	《让学生亲历知识——主体参与下体验式学习的实施策略》	何世祥	30.00
教育探索者系列	73	《教育，静待花开——陪伴孩子一起成长》	武际金　王玉英	40.00
	74	《悦读立人——校园阅读文化体系构建策略》	杨世臣	30.00
	75	《教育智慧何处来——一位特级教师的思考手记》	付立金	30.00
	76	《和雅文化——校本课程的创新构建》	汤善香	30.00
	77	《让个性绽放精彩——学校课程体系整合与创生》	谢建伟　徐淑萍	30.00
	78	《让每个学生都幸福——最能润泽生命的学校文化建设》	谢建伟　张新喜	30.00
创新教学探索系列	79	《让阅读滋养学生语文素养——语文阅读教学策略与实施》	李洪芹	38.00
	80	《学校体育密码》	连仁都	36.00
	81	《我家住在〈诗经〉里》	李日芳	40.00
	82	《〈红楼梦〉里的语文课》	李日芳	30.00

系列	序号	书　　名	作者	定价
创新教学探索系列	83	《品世界名画，学精彩作文 ——特级教师的“名画”作文教学法》	李日芳	36.00
	84	《学生数学整体思维培养 ——小学数学结构化教学的探索与实施》	颜春红	45.00
	85	《基于核心素养的体育与健康校本课程建设》	赵卫新	35.00
	86	《把古文教活——激活文言文课堂的教学策略》	刘小华	35.00
	87	《做童年面前最合适的人——我和孩子们的“童化语文”》	曹丽秋	30.00
	88	《玩出精彩作文——张化万活动作文教学经典策略》	张化万	35.00
	89	《让学生把母语用精彩——“语用课堂”的探索与实践》	佘小红	30.00
	90	《“备”出课堂精彩——备学式教学的课堂实践与思考》	张旭兰	30.00
	91	《神奇的阅读教室——带学生踏上美妙的阅读之旅》	李祖文	30.00
	92	《打造有生命力的课堂 ——“两步八环节”教学模式探索与实践》	查联智	30.00
	93	《最能培养学生探究能力的课堂 ——小学科学与信息技术单元整体课程实施与评价》	李怀源	30.00
	94	《最能激发学生运动天赋的课堂 ——小学体育单元整体课程实施与评价》	李怀源	30.00
	95	《最能提升学生艺术素养的课堂 ——小学艺术单元整体课程实施与评价》	李怀源	30.00
	96	《“生命语文”探索——焕发语文生命力的思考与实践》	王自成	30.00
	97	《粘连作文教学：让习作成为有个性的自我建构》	黄瑞夷	30.00
	98	《备学式教学——在体验中建构数学思维》	单广红　范雪梅	30.00
	99	《向着自主进发——自主教育的创新实施智慧》	朱亚红	30.00
	100	《写中学——让学习更有效的学科写作教学》	钟传祎	30.00
	101	《小学科学实验总动员——大科学课堂有效提升学生创新力》	江美华	30.00
	102	《小学语文单元整体课程实施与评价》	李怀源	30.00
	103	《小学英语单元整体课程实施与评价》	李怀源	30.00
	104	《小学数学单元整体课程实施与评价》	李怀源	30.00
	105	《让教学更能激发智慧——“思维碰撞”课堂的建构与实施》	程和方	30.00
	106	《构建语文综合课新模式——家庭、社区、学校协同教学》	黄瑞夷	40.00
	107	《自主创新让教学成为有效引领》	蔡　隽	30.00

系列	序号	书　　名	作者	定价
新父母教程	108	《一年级的孩子》	陈文芳	28.00
	109	《二年级的孩子 》	陈文芳	28.00
	110	《三年级的孩子》	钱静霞	28.00
	111	《四年级的孩子》	谢　云	28.00
	112	《五年级的孩子 》	陈　春	28.00
	113	《六年级的孩子》	袁卫星	28.00
	114	《七年级的孩子》	焦晓骏	28.00
	115	《八年级的孩子》	钟　杰	28.00
	116	《九年级的孩子》	凌宗伟	28.00
国际教育系列	117	《美国教育面面观——一位特级教师眼中的美国教育》	邵淑红	35.00
教师软实力系列	118	《教师人际沟通力》	黄爱华　夏丽娟	38.00
	119	《班主任教导力》	黄爱华　戴诗银	38.00
	120	《教师执业道德力》	黄爱华　夏丽娟	38.00
名校系列	121	《从校本课程走向学校课程——锡山高中课程探索之路》	唐江澎等	35.00
	122	《让每个孩子都成志 ——清华附小主题阅读课程的实施探索》	窦桂梅	30.00
	123	《让每个孩子都成志 ——清华附小主题实践课程的实施探索》	窦桂梅	35.00
	124	《向着朝阳走去——清华附小合作办学实践探索》	窦桂梅	30.00
校长领导力系列	125	《学校细节管理的执行力》	林文明　王林发	30.00
	126	《校长智慧统筹的领导力》	谢耀丰　蔡丽姗 王林发	30.00
	127	《学校持续发展的研究力》	林文智　宋佳敏 王林发	30.00
	128	《学校和谐融洽的协作力》	陈一平　郭雪莹 王林发	30.00
	129	《学校教育提升的引领力》	谢文东　关敏华 王林发	30.00

系列	序号	书名	作者	定价
校长领导力系列	130	《学校团队成长的学习力》	黄纪　蔡美静 王林发	30.00
	131	《学校高效管理的创新力》	张　旭	30.00
	132	《学校成功管理的决策力》	邱黎明	30.00
	133	《高品质学校生长要素》	王益民	30.00
	134	《校长高效教学领导力提升策略》	徐世贵　郭文哿	30.00
新思维系列	135	《让后进生学习有后劲之 36 计》	严育洪	30.00
	136	《教育中的“不一定”——打破教育的 19 种思维惯式》	严育洪	30.00
教师修炼系列	137	《如何炼就课堂好声音——教师美嗓保健实用宝典》	薛建洲	30.00
	138	《与学生一起成长——90 后教师的心路反思》	王　晗	30.00
	139	《教育，爱与宽容——教师心灵礼仪修炼》	许力争	30.00
教育家核心思想系列	140	《叶圣陶论写作》	叶圣陶 著 李怀源 选编	30.00
	141	《叶圣陶谈阅读》	叶圣陶 著 李怀源 选编	30.00
	142	《多元智能理论的本土化应用》	刘治富	30.00
	143	《大教育家最具施教力的教学思想》	白刚勋	30.00
学生心理解码系列	144	《在人生的春天播种 ——十四岁，写给青春的一封信》	白宏宽	30.00
	145	《孩子问题行为一点通 ——只有好老师才知道的学生心理谜底》	严育洪	30.00
班级文化系列	146	《活力班级的文化建设》	胡　珏	30.00
	147	《做幸福的班主任》	吕　丽	26.00
高效能教学系列	148	《高效能教师的 10 个好习惯（中学卷）》	张　瑾	30.00
	149	《让作文落地生根——提高写作实效的教学策略》	黄桂林	30.00
	150	《高效能作文教学 5 项修炼》	陈步华	30.00
高效能教学系列	151	《高效能校长的 10 个好习惯》	张　勤	30.00
	152	《高效能教师的 10 个好习惯（小学卷）》	谢　英	30.00
	153	《高效能语文教学 5 项修炼》	王其华	30.00

系列	序号	书名	作者	定价
新课程探索系列	154	《语文新课程的批判与重建》	葛桂斌	30.00
美国名师教学译丛	155	《美国名师游戏教学本土化应用：幼儿园》	（美）玛西娅 L. 泰特 著 胡珍　瞿菁　编译	30.00
	156	《美国名师游戏教学本土化应用：小学英语》	（美）玛西娅 L. 泰特 著 杨永华　张心影　编译	30.00
	157	《美国名师游戏教学本土化应用：小学数学》	（美）玛西娅 L. 泰特 著 谢艳红　编译	30.00
	158	《美国名师游戏教学本土化应用：小学科学》	（美）玛西娅 L. 泰特 著 刘丽萍　编译	30.00
	159	《美国名师游戏教学本土化应用：小学社会》	（美）玛西娅 L. 泰特 著 姜梅芳　编译	30.00
	160	《美国名师游戏教学本土化应用：小学音体美》	（美）玛西娅 L. 泰特 著 尹立志　编译	30.00
生态化校园系列	161	《文化管理——构建生态和谐校园的必由之路》	付全新	30.00
	162	《点燃学习的激情——构建校园生态化学习型组织》	杨树岳	30.00
	163	《课改突围——构建学校生态化教学体系》	杨树岳	30.00
教育新思考系列	164	《语文教育向何处去》	王　丛	26.00
	165	《教育，就是做好普通的事》	孙志毅	27.00
	166	《走出语文的偏见——让学生体悟文本的原义》	丛智芳	30.00
	167	《让语文教学更高效——批注式阅读教学探索》	韩中凌	30.00
	168	《读写互促——探寻学以致用的语文教学》	曹　龙	30.00
	169	《跳出数学教数学——用文化融通数学教学》	马建秀	27.00
信息化教学系列	170	《巧用白板教语文——信息技术与语文教学操作指南》	蒋丽清	30.00
	171	《跨越式实现高效课堂 ——信息技术与课程整合高效教学方案评析》	陈玲　刘禹	30.00

系列	序号	书　　名	作者	定价
教师必读系列	172	《教师必学的16堂修养课》	武宏伟	30.00
	173	《教师不可不知的教学心理效应》	叶勇军	30.00
	174	《班主任不可不知的管理效应》	奚一琴	30.00
	175	《教师不可不知的教育心理效应》	孙　媛	30.00
	176	《校长不可不知的管理效应》	谢申刚　张全豹	30.00
	177	《成为好教师的7项修炼》	王福强　李维华	30.00
	178	《如何让学生会学习》	龙　冰	30.00
	179	《如何让学生爱学习》	周震宇　许小燕	30.00
核心教学主张系列	180	《新生代语文名师核心教学主张》	许友兰	30.00
行思讲坛系列	181	《为了儿童的深度学习——问学课堂的建构与实施)》	潘文彬	45.00
	182	《灵动而朴素地教语文——潘文彬的微格教育生活》	潘文彬	30.00
	183	《师爱无疆——润泽学生心灵的教育故事》	侯忠彦	30.00
	184	《怎样反思更有效 ——促进教师专业发展的反思策略》	诸贝贝	30.00
	185	《成为高度自觉的教育者 ——写给后课标时代的数学教师》	许卫兵	30.00
	186	《哲思数学课》	刘全祥	30.00
	187	《智慧数学课——黄爱华教学思维的实践策略》	黄爱华	30.00
	188	《童趣数学课》	徐　芳	30.00
	189	《把学生教聪明》	严育洪	30.00
	190	《用语文的方式教语文 ——潘文彬教学主张与实践智慧》	潘文彬	30.00
	191	《怎样让阅读教学更有效 ——提升教学能力的十种读诵模式》	汪秀梅	28.00
	192	《让生命在润泽中起舞 ——当代小学生最需要的主题班会》	吴联星　罗　琳 冯卫东	30.00
	193	《让生命欢快拔节 ——当代中学生最需要的主题班会》	冯卫东　吴联星	30.00
	194	《课堂因生成而精彩——高效教学的生成智慧》	张文质	30.00
	195	《回到每一个人的生命化教育 ——张文质二甲中学教育行动录》	张文质	30.00
	196	《中小学生如何学会合作》	张玉彬　刘昕昱	40.00

系列	序号	书名	作者	定价
中国教育变革之路丛书	197	《百年树人师何为 ——教师队伍建设困顿与出路》	将丽珠　李玉向	30.00
	198	《入园何时不再难 ——学前教育困惑与抉择》	曾晓东 范　昕　周　慧	30.00
	199	《三尺书桌何处寻 ——流动人口子女教育困难与破解》	范先佐	30.00
	200	《苦旅何以得纾解 ——高考改革困境与突破》	郑若玲	30.00
	201	《择校纠结何时了 ——择校问题困局与治理》	曾晓东　周文海 曾娅琴	30.00
创新教学思想系列	202	《"大问题"教学的形与神》	黄爱华　张文质	30.00
教育漫笔系列	203	《课堂，诗意地栖居》	吴书华	30.00
教学提升系列	204	《有思想地教阅读 ——让学生学会品读文字真意》	王学东	30.00
教学全手册系列	205	《小学习作教学全手册》	郭家海	30.00
	206	《中学写作教学全手册》	郭家海	30.00
	207	《情境教学操作全手册》	冯卫东	35.00
	208	《合作教学操作全手册》	李春华	35.00
	209	《探究教学操作全手册》	周新桂	35.00
	210	《自主教学操作全手册》	诸葛彪	35.00
	211	《创新教学操作全手册》	王　玮	35.00
	212	《班主任工作全手册》	刘沛华	35.00
	213	《新教师工作全手册》	周震宇	35.00
	214	《学生心理健康教育全手册》	刘海莉　刘春杰	35.00
	215	《高效教学操作全手册》	马友平	35.00

系列	序号	书名	作者	定价
创新人才培养系列	216	《创新人才培养校园科普精品课程开发与指导 ——人大附中创新人才培养》	罗　滨	30.00
	217	《创新人才培养特色校本课程开发与创新人才培养 ——清华附中“国际安全下的科学技术”课程构建与实施》	王殿军　方　研 赵宏雁	30.00
	218	《创新人才培养：学校实验室建设与管理》	刘克文 杨发丽　杨　平	30.00
	219	《创新人才培养：数学探究活动开发与指导》	马云朋　韩继伟	30.00
	220	《创新人才培养：化学研究活动开发与指导》	王　磊	30.00
	221	《创新人才培养：物理探究活动开发与指导》	廖伯琴	30.00
	222	《创新人才培养：地理探究活动开发与指导》	张建珍　陈　澄	30.00
	223	《创新人才培养：生物探究活动开发与指导》	张迎春	30.00
	224	《创新人才培养：理念探索与思维突破》	王晶莹	30.00
新生代通派名师系列	225	《简约数学教学》	许卫兵	30.00
	226	《语文教学的本真——情意课堂展现母语之美》	吴建英	30.00
	227	《语文课堂的理想追求——欢快达成三维目标》	董一红	30.00
	228	《阅读教学的真髓——意象构建读出文学的真美》	祝　禧	30.00
	229	《美术教育的真谛——审美人生教育让生命绚丽成长》	陈铁梅	30.00
	230	《语文教学的理想境界——无痕教学润泽生命》	李　凤	30.00
	231	《儿童作文的本义——嬉乐作文让儿童乐并成长着》	王笑梅	30.00
	232	《名师是怎样炼成的》	王建明　王笑君	35.00
幼师成长系列	233	《幼儿行为背后——教师如何读懂幼儿的心思》	吴亚英	30.00
	234	《最具教育力的22种幼儿教育思想》	杨　达	30.00
	235	《幼儿教师必知的安全应急措施》	杨　达	30.00
	236	《幼儿教师必备的教育技能》	李　玲	30.00
	237	《卓越园长21条幼儿园管理策略》	周　丹　江东秋	30.00